轨道交通建造关键技术研究丛书

地铁车站岩溶高承压强富水带处理关键技术

宋卫强　刘文丽　娄在明　刘金明　著

中国铁道出版社有限公司

2019年·北　京

内 容 简 介

依托武汉地铁11号线东段未来三路站工程，通过资料调研、水文地质详勘、现场试验、实际施工和效果评价相结合的方法，开展地铁车站岩溶高承压强富水带处理关键技术的研究，在分析区域地质及水文特征基础上，进行了高承压强富水带岩溶注浆材料试验和工艺试验，设计了岩溶处理方案，提出了岩溶高承压强富水带处理工艺，借助于地质雷达探测进行了处理效果分析，建立了地铁车站岩溶高承压强富水带处理关键技术。经地铁车站岩溶高承压强富水带现场施工安全监测结果分析，验证了该技术的实用性，确保了未来三路站的施工安全，并取得了良好的经济社会效益。本书可作为城市轨道交通土建工程施工、设计、监理和建设管理技术人员以及高校和高职师生的参考用书、继续教育和选修课教材。

图书在版编目(CIP)数据

地铁车站岩溶高承压强富水带处理关键技术/宋卫强等著. —北京：中国铁道出版社有限公司，2019.9

(轨道交通建造关键技术研究丛书)

ISBN 978-7-113-26096-5

Ⅰ.①地… Ⅱ.①宋… Ⅲ.①地下铁道车站-岩溶水文学-承载力-研究 Ⅳ.①U231.4

中国版本图书馆CIP数据核字(2019)第164169号

轨道交通建造关键技术研究丛书

书　　名：地铁车站岩溶高承压强富水带处理关键技术

作　　者：宋卫强　刘文丽　娄在明　刘金明

策　　划：傅希刚　陈小刚

责任编辑：冯海燕　　**编辑部电话：**010-51873017

封面设计：郑春鹏

责任校对：孙　玫

责任印制：高春晓

出版发行：中国铁道出版社有限公司（100054，北京市西城区右安门西街8号）

网　　址：http://www.tdpress.com

印　　刷：中国铁道出版社印刷厂

版　　次：2019年9月第1版　2019年9月第1次印刷

开　　本：880 mm×1 230 mm　1/32　印张：5.25　字数：136千

书　　号：ISBN 978-7-113-26096-5

定　　价：30.00元

丛书编委会名单

（按姓名拼音字母排序）

作者简介

宋卫强，男，1983 年 7 月出生，河南省林州人，2004 年毕业于黄河水利职业技术学院公路与桥梁专业，高级工程师，现任中国电建市政建设集团轨道工程公司总经理。先后参与了安徽沿江高速公路工程、陕西商界高速公路工程、山东德商高速公路工程、山东青岛滨海海底隧道连接线工程、山东青岛双积公路和海湾大桥红岛连接线工程、天津市外环线东北部调线工程、武汉地铁 11 号线工程、深圳地铁 12 号线工程，发表论文数篇，获授权实用新型专利 10 项，省部级工法 8 项。先后担任工程部部长、项目副总工、项目总工程师、项目经理、分公司副总经理、分公司总经理，曾荣获全国优秀项目经理、公司优秀项目经理、公司劳动模范、公司先进工作者、地铁优秀建设者和优秀管理者。

刘文丽，男，1983 年 11 月出生，陕西省榆林人，2005 年毕业于黄河水利职业技术学院公路与桥梁专业，高级工程师，现任中国电建市政建设集团轨道工程公司副总工程师、深圳地铁 12 号线土建七工区项目总工程师。先后参与了内蒙古海满一级公路工程、内蒙古拉黑公路工程、内蒙博牙高速公路工程、青岛女岛疏港公路工程、深圳地铁 7 号线工程、武汉地铁 11 号线工程、深圳地铁 12 号线工程，发表论文数篇，获授权发明专利 1 项、实用新型专利 16 项，公司级经济技术创新成果 12 项，省部级工法 8 项，中国施工企业管理协会科学技术创新成果 2 项，QC 成果 3 项。先后担任工程部部长、项目总工程师、项目经理、分公司副总工程师，曾荣获公司先进生产工作者、公司青年岗位能手、公司优秀总工程师、中电建南方公司先进个人、中电建武汉公司先进个人、公司优秀科技工作者、公司优秀项目经理、天津市职工技术创新先进个人。参与的科学技术研究项目“岩溶承压强富水地铁基坑施工关键技术研究”和“地下连续墙预制钢套筒导向嵌岩施工工艺”获得了中电建科学技术进步奖。

娄在明，男，1989 年 9 月出生，山东省沂源人，2013 年毕业于山东交通学院土木工程专业，工程师，现任中国电建市政建设集团轨道工程公司深圳地铁 12 号线土建七工区项目副总工程师。先后参与了深圳地铁 7 号线工程、武汉地铁 11 号线工程、深圳地铁 12 号线工程，发表论文 2 篇，获授权实用新型专利 11 项、省部级工法 6 项，参与的科学技术研究项目“岩溶承压强富水地铁基坑施工关键技术研究”获得了中电建科学技术进步奖。先后担任项目技术员、工程部长、副总工程师，荣获公司优秀科技工作者、公司青年岗位能手、中电建武汉公司先进个人。

刘金明，男，1983 年 4 月出生，山东省诸城人，2006 年毕业于三峡大学水利水电工程专业，高级工程师，现任中国电建市政建设集团轨道工程公司总经理助理，先后参与了陕西商界高速公路工程、福建武邵高速公路工程、山东青岛双积公路和海湾大桥红岛连接线工程、重庆梁忠高速公路工程、海南红岭灌区工程、武汉地铁 11 号线工程、深圳地铁 4 号线工程，发表论文数篇，获授权发明专利 1 项、实用新型专利 11 项，公司级经济技术创新成果 11 项，省部级工法 6 项，中国施工企业管理协会科学技术创新成果 2 项，QC 成果 3 项。先后担任工程部部长、项目副总工程师、项目总工程师、项目经理、分公司总经理助理，曾荣获公司先进生产工作者、优秀工程技术人员、优秀科技工作者、优秀项目经理。

前　言

随着城市规模的日益扩大，各大城市的交通压力也陡然增加，各国政府在大力提倡环保出行、增加地面交通工具的同时，也在不断地发展地下交通。地铁作为城市轨道交通具有运量大、快速、准时、舒适、安全与环保等优点，成为了世界各国解决城市交通压力的首选方式。虽然我国的地铁起步较晚，但是经过50多年的飞速发展，城市地铁不管是技术上还是运营里程上，都已经处于世界领先的位置。截至2017年底，我国城市轨道交通开通城市29个，运营线路118条，总里程3 862 km。到2020年，将有33个城市共投运177条地铁线，总运营里程将达到8 500 km。

随着地铁建设规模不断扩大，遇到的地质条件也越来越复杂，如岩溶地层。我国岩溶分布广泛，除了西部的贵阳和重庆等地广泛分布岩溶外，广州、武汉、大连、无锡、南京、深圳和长沙等城市都遇到岩溶地质问题，岩溶条件下隧道工程施工难度大，特别是在城市地铁建设中因既有建构筑物密集导致岩溶隧道施工风险极高，需要研究提出具有针对性的岩溶处理措施，确保隧道施工期间及运营期间的安全。

武汉地铁11号线东段工程未来三路站为地下两层车站，总长约327.6 m，标准段宽度23.1 m，基坑深度17～21 m，采用明挖法施工。未来三路站位于岩溶极为发育区，有溶洞的钻孔共23个，揭露溶洞共计40个，见洞率为60.5％。

且岩溶呈上下珍珠串，左右连通，结成暗河。地下水丰富，且为承压水涌出地表 2.4 m，出水量为 11.2 L/s，全国罕见。

根据岩溶发育和地下水承压情况，未来三路站施工过程中容易在车站围护结构和基坑开挖施工过程中出现地面塌陷、围护结构失稳、基底岩溶突水等危险，施工难度大，安全风险高，对后期地铁运营也是极大的安全隐患。且在站点区域内有一处历史悠久的泉眼——活灵泉，是附近区域重要的生活水源，具有重要的历史文化价值，需进行专门保护，对设计和施工提出了重大挑战。因此，开展地铁车站岩溶高承压强富水带处理关键技术的研究具有重要的意义。

本书的主要内容：在分析区域地质及水文特征基础上，进行了高承压强富水带岩溶注浆材料试验和工艺试验；设计了岩溶处理方案，提出了岩溶高承压强富水带处理工艺，借助于地质雷达探测进行了处理效果分析，建立了地铁车站岩溶高承压强富水带处理关键技术；经地铁车站岩溶高承压强富水带现场施工安全监测结果分析，验证了该技术的实用性；最后分析了活灵泉的历史和现状，研究了活灵泉的形成机制和补给特征，提出了泉水保护与利用方案。

本书第 1 章、第 4 章、第 6 章和第 9 章由宋卫强撰写，第 3 章和第 5 章由刘文丽撰写，第 2 章和第 8 章由娄在明撰写，第 7 章由刘金明撰写，全书由刘文丽统稿。

撰写过程中，参阅了许多专家学者发表的论文，在此表示真诚的感谢！

李围教授对本书的撰写进行了指导，并提出了修改意见，中国铁道出版社有限公司的傅希刚、陈小刚和冯海燕编辑也对本书的修改提出了宝贵的建议，在此对您们的辛勤劳动深表谢意！

由于时间仓促和水平所限，书中的错误或表述不妥之处，期望同行专家及读者提出批评意见和修改建议，以便在本书再版中修改和完善。

作者

2019年3月

出版说明

截至2017年，我国城市轨道交通开通运营线路总长度达3 862 km(118条)，开通城市29个，其中步入网络化运营的城市共有13个，客运量达176.8亿乘次，全国共有9个城市网络日均进站量超过100万人次，共有运营员工20.8万人，平均每公里线路54人。

我国城市轨道交通占公共交通比例还很小(见表1)，与国际化大都市差距大，轨道交通发展潜力还很大。例如，尽管上海运营里程突破了680 km，为世界上轨道交通运营里程最多的城市，但其轨道交通仅占公共交通比例刚过50%，其中多条线路已经超负荷运营，上下班时间拥挤不堪。而深圳已经完成了三期建设运营，轨道交通仅占公共交通的三分之一还不到。

表1　世界各国大都市轨道交通占公共交通的比例

东京	伦敦	巴黎	莫斯科	上海	北京	深圳
86%	70%	70%	55%	54.6%	45%	32%

当前，我国轨道交通还处于高速发展期，特别是由于我国幅员辽阔，各区域地质差异较大，导致地铁的施工难易也不相同，因此，需要解决不同城市地质环境条件下地铁施工技术问题。

我国城市地质条件主要有：以上海、杭州等为代表的深厚软土层，以西安为代表的黄土，以成都为代表的砂卵石和漂石地层，以深圳、广州为代表的不同风化花岗岩组成的混合地层，以重庆、青岛为代表的岩石地层，以贵阳为代表的岩溶地层。其中，深圳混合地层主要为第四系全新统人堆积层、海积层、海冲积层、冲洪积层、洪积层、上统更新坡积层、残积层震旦系混合岩和花岗片麻岩、震旦系混合岩和花岗片麻、燕山期花岗岩和加里东期混合花岗岩，地下水位位于地面以下 0.7～12.1 m。混合地层地铁施工难度最大，主要地质问题如下：

1.车站

范围内岩面高，基岩侵入车站范围内最大厚度达14 m，地下连续墙入岩最大深度为 17.5 m，强度最高达 132 MPa，大倾角陡坡硬岩(45°)分布广泛。基坑控制爆破困难，成槽困难。

2.盾构区间隧道

穿越地段基岩面起伏大、变化剧烈，硬岩、上软下硬、富水砂层、孤石、掘进中存在盾构机姿态难以控制、坍塌、涌水，地面沉降难以控制从而造成地面建筑物开裂损坏、盾构机易被卡住等。

3.矿山法区间隧道

位于全强风化花岗岩中，顶部主要为砂质黏性土、素填土、中砂、粗砂等富水软土层，施工失水极易引起隧道变形、地面塌方等风险。再加上在深圳主城区修建地铁地上地下环境条件复杂，例如三期重大工程 7 号线穿越深圳主城区，全线正下穿既有建筑物 20 余栋，5 次下穿河流和湖泊，1 次上穿高速铁路，2 次下穿既有铁路，4 次下穿已运营地铁线，8 次下穿(或侧穿)既有桥梁，在华强北商圈核心地段与 7 号线同步实施华强北地下空间工程。

本套丛书结合我国目前正在大力修建的城市地铁重大工程,及时总结施工中研究形成的新技术并出版,为同城后期地铁工程的建设提供技术支撑和其他城市类似工程提供技术参考有其重要意义。

因此,中国铁道出版社与地铁建设相关单位合作,出版《轨道交通建造关键技术研究丛书》,期待为我国地铁工程新技术的进步贡献一份力量。

丛书策划:李围、傅希刚

2018 年 1 月 1 日

目　　录

第1章　绪　论

1.1　研究背景与意义

1.1.1　研究背景

随着城市规模的日益扩大，各大城市的交通压力也陡然增加，各国政府在大力提倡环保出行、增加地面交通工具的同时，也在不断地发展地下交通。地铁作为城市轨道交通具有运量大、快速、准时、舒适、安全与环保等优点，成为了世界各国解决城市交通压力的首选方式。虽然我国的地铁起步较晚，但是经过50多年的飞速发展，城市地铁不管是技术上还是运营里程上，都已经处于世界领先的位置。截至2017年底，我国城市轨道交通开通城市29个，运营线路118条，总里程3 862 km。到2020年，我国将有33个城市共投运177条地铁线，总运营里程将达到8 500 km。

随着地铁建设规模不断扩大，遇到的地质条件也越来越复杂，如岩溶地层。我国岩溶分布广泛，除了西部的贵阳和重庆等地广泛分布岩溶外，广州、武汉、大连、无锡、南京、深圳和长沙等城市都遇到岩溶地质问题，岩溶条件下隧道工程施工难度大，特别是在城市地铁建设中因既有建构筑物密集导致岩溶隧道施工风险极高，需要研究提出具有针对性的岩溶处理措施，确保隧道施工期间及运营期间的安全。

2010年11月27日上午，广埠屯站—虎泉站区间隧道大里程方向左线掌子面突然发生突泥(砂)涌水现象。由于该区间位于灰岩岩溶发育区域，溶蚀区域分布大小不等的溶洞，部分溶洞内填充黏土或砂，地下水位较高，开挖导致溶洞揭穿，发生了突泥(砂)涌水。由于采取了临时的封堵措施，因此险情得到了有效控制，初期支护稳定。28日开会讨论提出了采用“五道扇形工字钢支撑与钢格栅拱架焊接

＋喷射混凝土”的处理措施。而且，突泥(砂)涌水位置对应地表为建筑物，施工安全要求高，所幸的是此次险情未造成人员伤亡和机械损失。由此可见，岩溶条件下地铁工程施工安全风险大。

武汉地铁 11 号线东段工程未来三路站为地下两层车站，总长约 327.6 m，标准段宽度 23.1 m，基坑深度 17～21 m，采用明挖法施工。未来三路站位于岩溶极为发育区，有溶洞的钻孔共 23 个，揭露溶洞共计 40 个，见洞率为 60.5%。且岩溶呈上下珍珠串，左右连通，结成暗河。地下水丰富，且为承压水涌出地表 2.4 m，出水量为 11.2 L/s，全国罕见。

根据岩溶发育和地下水承压情况，未来三路站施工过程中容易在车站围护结构和基坑开挖施工过程中出现地面塌陷、围护结构失稳、基地岩溶突水等危险，施工难度大，安全风险高，对后期地铁运营也是极大的安全隐患。且在站点区域内有一处历史悠久的泉眼“活灵泉”，是附近区域重要的生活水源，具有重要的历史文化价值，需进行专门保护，对设计和施工提出了重大挑战。

1.1.2 研究意义

随着我国城市轨道交通的蓬勃发展，岩溶作为一种典型的不良地质现象，在地铁隧道及站点施工建设中的危害日益凸显，突水、突泥等地质灾害频发。目前，已开展地铁建设的城市中，广州、武汉和长沙等城市都遇到了岩溶地质问题，其中武汉市尤为突出。武汉市自北向南分布有 6 条碳酸盐岩条带，历史上曾发生过多次大规模的岩溶地面塌陷，建设及规划中的地铁 2 号线、3 号线、6 号线、7 号线、8 号线、11 号线、21 号线、27 号线及机场线都穿越岩溶条带，受岩溶地质的影响极大。

目前，国内已实施多起地铁站点及盾构区岩溶处理工程，但类似武汉地铁 11 号线东段未来三路站岩溶强发育且岩溶强承压和强富水特点的地铁站点建设工程尚属首次，而且还需要兼顾地下水环境和泉水通道保护的需求。因此车站设计和施工组织的难度极大，急需对施工技术进行创新研究。

随着我国地铁建设进一步发展，地铁建设里程的不断增加，遇到类似高承压强富水岩溶地质的工程将会越来越多。因此，开展地铁车站施工中以高承压强富水区岩溶处理、地下水保护为目标的关键技术研究具有重要意义。

在岩溶区修建地铁，施工过程中突泥、突水、大型溶洞、塌方构成了严重的工程灾害，严重影响了施工进度，如果对岩溶地质灾害处治不当，将严重影响地铁施工安全和结构的稳定。针对未来三路站岩溶实际情况，建立一套系统的针对性较强的岩溶处治技术，其成果除了直接用于指导本标段车站的施工外，还可为今后类似工程的设计和施工积累极具价值的经验。

同时，随着我国城市轨道交通的持续发展，具有类似环境的工程将不断涌现，本研究成果将具有广阔的应用前景。也为集团公司大力开拓城市轨道交通市场提供技术支撑，从而产生良好的经济效益。

1.2 国内外研究现状

1.2.1 研究现状

1. 关于岩溶隧道探测与设计技术

广州地铁 2 号线中山纪念堂—越秀公园区间隧道采用矿山法施工，该区间已发现溶洞约 23 个，最大的高达 6～8 m，最大延伸范围 12.5 m，其余溶洞则相对较小。溶洞主要位于隧道高度范围内，少量位于隧道顶底部，溶洞内大多充填有粉质黏土。罗俊成和史海欧[1]根据该区间隧道岩溶分布特点，提出了“在地面先期对溶洞进行填充、隧道开挖前洞身两侧设止水帷幕”的岩溶处理技术，其处理范围为隧道周边 3 m、底板以下 3～7 m，该技术的应用成功解决了中山纪念堂—越秀公园区间岩溶矿山法施工技术难题。

黄焰和伍永胜[2]结合广州地铁 2 号线三元里折返线工程，研究了岩溶条件下浅埋矿山法隧道技术，提出了采取各种水文、地质、物探等勘察试验方法探测复杂地层的工程水文地质特征，探测简便可行、结论可靠，并提出了填充溶洞、旋喷桩和袖阀管注浆加固的溶洞处理方式。

为保障地铁施工中安全与长期运营安全，故对岩溶地区地铁区间隧道底部的地质环境必须探测清楚，以便采取有效的处理措施。依托武汉地铁 2 号线虎泉段隧道工程，傅志峰等人[3]介绍了地铁隧道底部地质探测的必要性，并提出了以地质法为基础、其他方法综合运用的原则，应用实践结果表明，该探测技术准确度较高，值得在地铁工程中推广。

2. 关于岩溶区间隧道矿山法施工技术

针对广州地铁 2 号线中山纪念堂—越秀公园区间隧道工程位于岩溶地层，杨红艳[4]提出了加强地质超前预报工作，每循环开挖前采用长 3.5～4.0 m 的钻杆进行地质超前探测；然后，在离岩溶3～5 m时，紧密衔接工序。进入岩溶地段后，检查岩溶顶板，及时处理危石并根据岩溶洞室大小采取不同的施工措施。其核心是加强初期支护，包括减小格栅钢架的间距、增加纵向连接筋的数量、布置径向系统锚杆。

依托大连地铁 1 号线东纬路站—春光街站暗挖区间穿越岩溶工程，王焰华和王小宝[5]提出了用深层超前探孔（探孔距离 30～50 m）与浅层超前探孔（探孔距离 10 m）相结合的方式进行超前地质预报。对于已经探明的溶洞进行洞内超前预注浆处理，要求注浆管深度达到溶洞洞底标高。对于未揭示溶洞采用洞内径向注浆、锚管加固与网喷混凝土回填方式处理。

刘瑞琪[6]以正在施工的大连地铁 2 号线松江路站—东纬路站暗挖区间工程为对象，介绍了暗挖爆破法穿越富水岩溶区的施工工序流程，利用地质补勘钻孔、超高密度电法跨孔电阻率 CT 探测、洞内超前探孔等技术手段详细探明溶洞发育位置、形态，通过洞内与地表相结合的处理方式消除或减小溶洞对暗挖施工的影响。

杨晓君等人[7]通过分析重庆轨道交通 6 号线二期中梁山隧道

施工涌水突泥形成原因，并针对高压岩溶涌水突泥段提出了采取“工作面后方径向注浆、超前全断面预加固注浆、管棚施工及仰拱加固、隧道上台阶采用 CD 法开始且开挖进尺不超过 0.5 m”施工技术，实现了在高压富水复杂岩溶涌水突泥条件下安全施工，为地铁施工中的涌水突泥病害处理提供了技术参考。

3. 关于岩溶区间隧道盾构法施工技术

以拟建的广州地铁 5 号线草暖公园站—小北站盾构区间工程为依托，介绍了盾构穿越岩溶段时常用的超前地质预报方法，提出了应在设计阶段加强地质调查和勘察以及施工前还应详细补勘，并探讨了穿越岩溶时溶洞预处理技术以及盾构在穿越溶洞段时的“咬合桩中隔墙＋旋喷桩止水墙＋袖阀管注浆填充”等措施[8]。

为解决广州地铁 5 号线草暖公园—小北站区间隧道岩溶盾构施工难题，桂林[9]采取以钻探为主、高密度电阻率法进行地面物探溶洞的分布情况。利用电磁波对部分加密深孔进行了 CT 剖切面勘查溶洞边界、溶洞及充填物状况，为合理确定溶洞处理方案提供依据。采用了分区及跳注方法进行溶洞处理，并通过盾构掘进参数优化组合和渣样分析，实现盾构信息化施工，有效地防治了地面沉陷，确保了盾构顺利通过溶洞群。

广州地铁 2 号线、8 号线延长线三元里站至远景站、江夏站至陈田村站盾构区间工程中长距离穿越石灰岩地层，溶洞、土洞发育，地质条件十分复杂，地面建(构)筑物密集，盾构施工风险高。谢鸿辉[10]提出了采用地面预加固的方式：当溶洞高度小于 2 m 时采用直径 60 mm 的 PVC 袖阀管静压注浆法对溶洞内进行填充；当溶洞高度大于 2 m 且少填充或未填充时采用吹砂或碎石回填＋静压灌浆法处理。对于下穿建筑物密集地段，提出了在盾构掘进过程中利用盾构机上预留孔进行超前地质钻探，若发现溶(土)洞则利用超前钻孔灌注双液浆进行溶洞处理，在盾构完成后利用管片上预留注浆孔进行补充注浆。

朱小藻[11]介绍了广州地铁 9 号线花都广场站—马鞍山公园站

盾构隧道溶洞充填注浆的施工工艺,从溶洞边界范围的确定、注浆材料的选择、注浆施工顺序、注浆技术控制等方面详细介绍了施工技术要点,并进行了注浆效果监测。

结合无锡地铁 2 号线张巷站至河埒口站区间、河埒口站至大王基站区间盾构施工中岩溶问题,孙秋元[12]制定了地层加固方案:在溶洞大于 3 m 时,先以投砂的方式进行洞体填充,再采用注浆方式进行加固;当溶洞小于 3 m 时,直接注浆加固。

4. 关于岩溶区间隧道施工方法的选择

在广州北部的广花盆地即存在大面积隐伏岩溶区,地铁 3 号线北延段、2 号线延长段、将来的花都线等将穿越大量的隐伏岩溶区。在隐伏岩溶区进行地铁隧道施工采用何种工法就显得尤为重要。魏敏志[13]提出了根据场地上覆土层的厚度来选择合适工法:当土层厚度较大、满足盾构隧道施工埋深要求时,可优先选用盾构法;当土层厚度较薄、不宜盾构掘进时,可选择浅埋明挖法。

施政[14]结合某地铁区间隧道地层溶(土)洞发育情况,岩溶的见洞率为 60%,两层岩溶以上的占揭露岩溶钻孔的 56.7%,岩溶发育深度主要分布在岩面附近,深度在地表下 20～30 m,呈串珠状分布,详细介绍了对岩溶地层处理的目的、原则、措施及施工注意事项等。提出了明挖区间采用充填注浆加固和水泥土墩柱加固处理的方法,盾构区间隧道采用直径 48 mm 的 PVC 袖阀管进行岩面注浆,范围为结构底板至结构底板下 10 m,并在隧道洞内混凝土管片上预埋注浆管进行岩面注浆。

武汉地铁 2 号线虎泉站—光谷广场站区间隧道沿线灰岩分布广泛,岩溶发育,采取钻探、物探等综合勘探技术,查明了岩溶分布特性。在区间隧道施工前,进行了溶洞注浆加固处理,并在此基础上对区间隧道矿山法、盾构法以及明挖法等工法进行了综合比较,提出了适应本地层条件下的矿山法施工方案,达到了预期的效果[15]。

5. 关于岩溶区间隧道稳定性和结构安全性的研究

杨秀竹等人[16]采用室内相似模型试验对广州地铁岩溶区间隧

道进行了模拟，研究了不同位置和大小溶洞和土洞对隧道衬砌结构的力学行为。研究结果表明：衬砌结构正下方的岩洞会减小衬砌周围的土压力，也会减小衬砌结构的应变；衬砌结构右侧的土洞会大大减小衬砌结构的强度。

王祥秋和周志国[17]通过对岩溶地质构造特征分析结果，基于损伤理论与尖点突变理论，建立了岩溶体顶部弯剪破坏与边墙屈曲破坏力学模型。针对层状围岩推导出基于顶部弯剪破坏模式的临界承载能力计算公式，并通过对某岩溶区段地铁区间隧道运行期间的稳定性分析，验证了模型的合理性。

赵宏国[18]采用 FLAC 3D 软件对在既有地铁隧道的情况下顶部溶洞大小的变化对新修地铁隧道的影响进行了流固耦合分析，结果表明新修地铁隧道结构呈现不均匀受力，且在一定范围内地表沉降值、其结构的变形及受力、溶洞变形等与溶洞大小呈弱线性关系。

南京地铁 3 号线滨江路站—五塘村站沿线穿越的灰岩地层中有数量较大的洞径为 2～3 m 的小型溶洞。邵勇等人[19]采用数值分析法研究了小型溶洞尺寸与隧道位置关系等不同因素对隧道围岩稳定性的影响。结果表明：当溶洞尺寸和位置变化时，围岩塑性区也发生变化，塑性区面积随着溶洞尺寸的增大而增大；溶洞位于拱肩时塑性区面积最大，对围岩的稳定性影响大，位于拱腰时最小；隧道开挖后拱顶和拱底处最易破坏，相近条件下串珠状溶洞比单个溶洞的危害性要大。

地铁盾构隧道穿越岩溶填充区受力情况复杂，为保证施工安全和管片受力合理，黄珂[20]采用有限差分程序进行计算分析了盾构穿越岩溶填充区的受力。结果表明，盾构隧道穿越岩溶填充区时虽然会产生一定的地表沉降，但在安全范围之内，管片受力也是合理的。

杨秀竹[21]等人采用平面应变模型试验系统研究了地铁隧道存在单个圆形溶洞时在注浆压力作用下岩溶地基渐进性破坏特点，试验中采用圆柱形气囊模拟注浆压力，对逐级加载过程中土层压力和位移的变化规律进行了研究，绘制了顶板破坏时的破裂面图，得出了导致地基失稳破坏的极限荷载。

南京地铁4号线桦墅站—仙林东站区间穿越角砾状灰岩地层，沿线岩溶发育。杨昊坤等人[22]通过对该场区内地层岩性、地质构造、地下水动力分带和地形地貌条件的分析，找出了其岩溶发育的规律。针对本场区的岩溶发育特征，将有地质缺陷的隧道围岩和地下水两类地质要素相结合，对岩溶区隧道开挖可能诱发的突水、突泥和地面塌陷灾害进行了机理分析。

苏锋和郑文博[23]以深圳某区间地铁建设为例，运用MIDAS/GTS软件对其围岩稳定性进行了三维数值模拟研究。探讨了溶洞的不同分布位置、溶洞的尺寸及溶洞与隧道间的净距等因素对地铁盾构施工过程中围岩稳定性的影响。结果表明各因素对隧道周边围岩的安全系数、变形、土层塑性区分布、土层中主应力的分布及衬砌管片的弯矩分布等均有较大影响。

贾媛媛[24]以某地铁区间岩溶区盾构隧道修建为工程依托，对盾构隧道三维动态施工过程进行了弹塑性数值模拟，分析溶洞尺寸以及溶洞与隧道间净距对隧道围岩变形及应力等的影响规律。结果表明：溶洞对隧道施工过程中围岩变形影响较大，围岩的径向位移及其释放率在有溶洞存在时有增大趋势，同时发现其随溶洞尺寸增加而增大；溶洞尺度及溶洞距盾构隧道间净距对围岩塑性区分布范围及形态以及衬砌结构受力特征等有比较大的影响；确定了溶洞与盾构隧道间最小施工安全净距不应小于溶洞尺寸。

6. 关于地铁车站溶洞的处理措施

岩溶地质对地铁车站施工以及建成后运营的维护影响都很大，仇培云[25]以广州地铁3号线北延段白云大道北站的岩溶处理为实例，利用详勘钻孔和注浆钻孔，按2 m×2 m梅花形布置地质钻孔，准确探明溶洞的边界（具体范围、大小、充填物成分、充填状况），提出了根据高低风险区进行分区域处理，处理方法为充填注浆加水泥土墩柱的模式。

针对广州市花都区某地铁岩溶车站工程，采用袖阀管注浆加固岩溶地层，优化了浆液配合比，避免浆液浪费和对周边地质造成破坏，将注浆成本控制到最低，取得较好的经济技术效果[26]。

长沙地铁五一广场站基坑底为岩溶地质，由于坑底水具承压性，结构底板施工之前渗水无法被完全封堵，即使在底板完成后渗水依然影响侧墙施工。因此，在防水卷材施工前，要通过封堵、排流、注浆等方法控制渗水量和水路，形成了底板、侧墙、后浇带等部位的渗水控制技术[27]。该技术减少了基坑内渗漏水对防水卷材和混凝土施工过程的影响，提高了防水质量。

1.2.2　研究现状总结

工程建设中难免遇到岩溶地质，岩溶地质对于隧道和基坑等地铁工程的施工安全影响大，极易发生围岩失稳、突水突泥、围岩坍塌等工程问题，还可能引发岩溶地面塌陷，造成次生灾害等后果。

目前，国内外针对岩溶地质条件下地铁工程施工的研究比较多，最早开始于广州地铁 2 号线中山纪念堂—越秀公园区间矿山法隧道，发现溶洞约 23 个，最大的高达 6～8 m，最大延伸范围 12.5 m。提出了“在地面先期对溶洞进行填充、隧道开挖前洞身两侧设止水帷幕”的岩溶处理技术，成功解决了中山纪念堂—越秀公园区间岩溶矿山法施工技术难题，于 2002 年完成了施工。

随后在广州、武汉、大连、重庆、无锡、南京、深圳和长沙等城市部分地铁线路建设中也开展了岩溶隧道与车站修建技术的相关研究工作，包括区间隧道岩溶探测及设计技术、岩溶区间隧道工法的选择、矿山法和盾构法施工技术、岩溶区间隧道稳定性和结构安全性以及地铁车站溶洞的处理技术。

目前富水带深基坑一般采用地连墙和坑内排水的防排组合设计技术，但针对一些特殊环境，基坑大降水易造成周边地基沉降和承压岩溶发生地面塌陷，则采用灌浆防渗帷幕止水的方式。但还未见像武汉地铁 11 号线未来三路站遇到的高承压、强富水带岩溶条件，对岩溶处理注浆材料的性能要求更高，而深基坑防水围护结构的参数也需要研究，期望获得高效的防水性能和经济的围护结构形式。

1.3 研究内容和技术路线

1.3.1 研究内容

依托武汉地铁11号线东段未来三路站工程，通过资料调研、水文地质详勘、现场试验、实际施工和效果评价相结合的方法，开展地铁车站岩溶高承压强富水带处理关键技术的研究。主要内容如下：

1. 区域地质及水文特征分析

(1)地质构造、岩土结构特征和特殊岩土及不良地质分析。

(2)岩溶专项勘察和大型溶洞专项勘察分析。

(3)利用抽水试验分析水文特征，并分析高承压强富水带车站施工难度。

2. 高承压强富水带岩溶处理试验

(1)高承压强富水带岩溶注浆材料试验。

(2)钻孔灌注桩成桩试验。

(3)岩溶超前处理试验、止水帷幕与基底注浆试验。

3. 高承压强富水带岩溶处理技术

(1)岩溶处理方案设计。

(2)处理范围与处理工艺、处理效果分析。

(3)地铁车站岩溶高承压强富水带施工监测分析。

4. 泉水和地下水保护与利用

(1)活灵泉的历史和现状。

(2)活灵泉的形成机制和补给特征。

(3)地下水及泉水保护与利用。

1.3.2 研究技术路线

研究技术路线如图1.3所示。

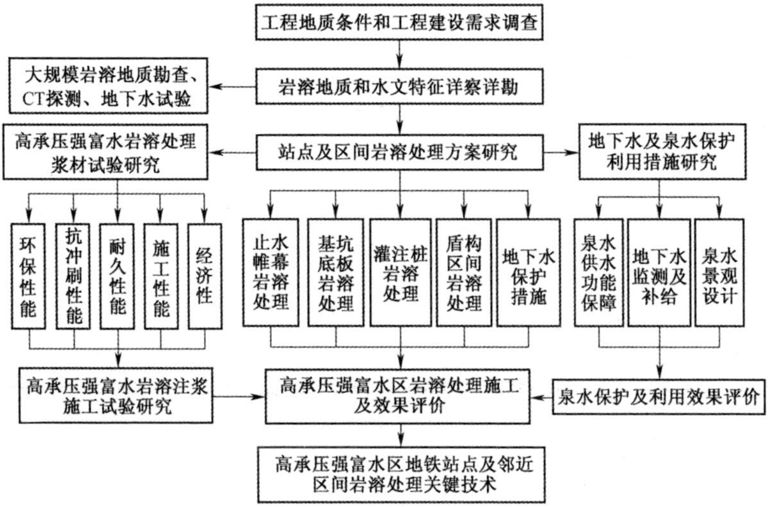
工程地质条件和工程建设需求调查
大规模岩溶地质勘查、CT探测、地下水试验
岩溶地质和水文特征详察详勘
高承压强富水岩溶处理浆材试验研究
站点及区间岩溶处理方案研究
地下水及泉水保护利用措施研究
环保性能
抗冲刷性能
耐久性能
施工性能
经济性
止水帷幕岩溶处理
基坑底板岩溶处理
灌注桩岩溶处理
盾构区间岩溶处理
地下水保护措施
泉水供水功能保障
地下水监测及补给
泉水景观设计
高承压强富水岩溶注浆施工试验研究
高承压强富水区岩溶处理施工及效果评价
泉水保护及利用效果评价
高承压强富水区地铁站点及邻近区间岩溶处理关键技术

图 1.3　研究技术路线

第2章　依托工程概况

2.1　工程概况

2013年3月，武汉市国土规划局会同市发改委、交委、地铁集团等部门，启动第三轮轨道交通规划。在这次规划中，原24号线、11号线和29号线被整合优化，形成了新的武汉地铁11号线。该线路跨越了武汉市蔡甸区、汉阳区、洪山区、武昌区、东湖高新区以及鄂州市葛店开发区，设站34座，是武汉市最长的轨道交通线。地铁11号线的建成将实现汉阳中心区与武昌中心区的快速直达，并能沟通江城西部和东南两大城市组群，是引导城市东西部新城组群发展、支撑城市副中心建设的主题线路，也是武汉市东西走向的轨道交通大动脉。

武汉市轨道交通11号线东段工程(即一期工程，原来规划为29号线)全长19.83 km，设站13座，全为地下线路。29号线起于流芳火车站，并在东广场设光谷站，出站后沿湖口一路东行，过光谷一路后拐入高新大道，在省体育学院南侧教育中路口设教育中路站，之后穿三环线、武广高铁和富士康专用线后在药监一路东设药监局站，在光谷三路路口设生物园站，在光谷四路路口设光谷四路站，之后线路南偏拐入神墩一路，在光谷五路路口设光谷五路站，在光谷六路口设光谷六路站，过光谷六路后往北拐入高新大道，在规划豹澥路口设豹澥路站，在光谷七路路口设光谷七路站，出站后线路沿高新大道路北侧穿越绕城高速及匝道，之后东行至终点，分别设郑家路站、未来一路站、未来三路站和左岭站，在流芳与规划的2号线南延线光谷站、城际铁路流芳站换乘，在光谷五路与规划的19号线换乘，在未来三路与规划的9号线换乘，起点预留远期延伸条件。

29 号线更名为 11 号线一期工程后，其线路站点如图 2.1 - 1 所示。设站 13 座，分别为光谷火车站、湖口站、光谷同济医院站、光谷生物园站、光谷四路站、光谷五路站、光谷六路站、豹澥站、光谷七路站、长岭山站、未来一路站、未来三路站和左岭站。均为地下线路，其中换乘站 3 座：光谷火车站与 2 号线南延线及城际铁路换乘，光谷五路站与 19 号线换乘，未来三路站与 9 号线换乘。11 号线在绕城高速以东、高新大道以北、科技一路以南围合的区域设置长岭山车辆段；在神墩一路附近设置控制中心；新建未来三路主变电所，利用 2 号线南延线光谷广场主变电所。未来三路站的站址周边环境如图 2.1 - 2 所示。

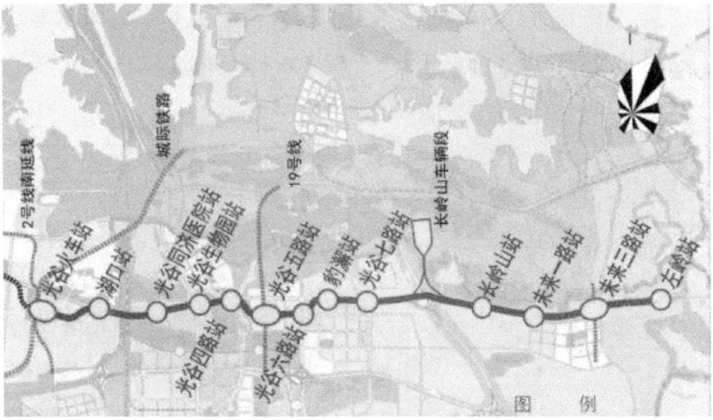

图 2.1 - 1　11 号线东段(一期工程)

图 2.1 - 2　站址周边环境

2.2 工程地质与水文地质

2.2.1 工程地质

武汉地铁11号线东段工程未来三路站及相邻区间位于武汉市东湖新技术开发区高新大道与未来三路交汇处，沿高新大道呈东西向敷设。地面高程在32.82～35.68 m之间，最大高差2.86 m，南面地势较低，场地地貌单元属剥蚀堆积垄岗区，相当于长江冲积Ⅲ级阶地区。

根据武汉市区域地质图及勘察钻孔揭示地层，本段线路由西向东穿越褶皱向斜构造，王家店区域背斜与本向斜相接。未来三路站位于向斜构造的西南翼，该向斜核部为三叠系大冶组（T_1d），两翼对侧展布二叠系上统、二叠系孤峰组（P_1g）、二叠系栖霞组（P_1q）、石炭系黄龙组（C_2h）灰岩、泥盆系五通组（D_3w）、志留系坟头组（S_2f），详见基岩地质图2.2所示。

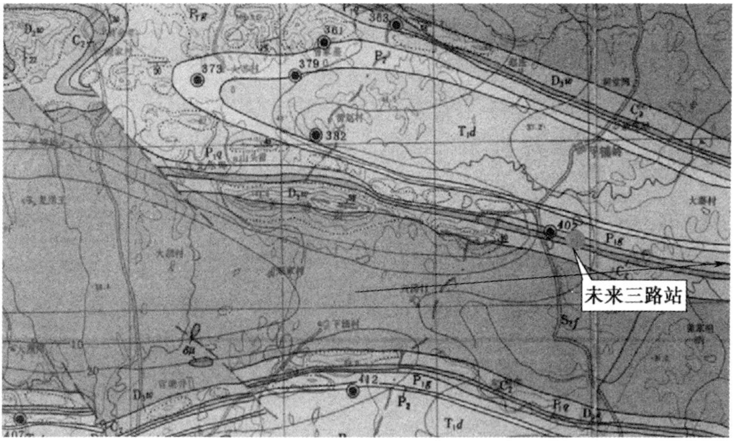

图2.2 未来三路站场地基岩地质图

未来三路站场地土层除上部为杂填土和素填土层(Q^{ml})外,其下主要为第四系全新统湖积(Q_4^{l})的淤泥质土,第四系全新统冲、洪积(Q_4^{al+pl})的黏性土层,第四系上更新统冲、洪积(Q_3^{al+pl})黏性土层、黏性土夹碎石层和含黏性土碎砾石层,残积(Q^{el})土层,下伏基岩为白垩-下第三系(K－E)的泥质砂岩、石炭系(C)的灰岩和志留系坟头组(S_2f)的砂岩和构造挤压揉皱带。场地岩土层物理力学参数见表2.2。

表2.2　岩土层物理力学参数

地层编号	岩土名称	天然重度 γ (kN/m³)	黏聚力 c(kPa)	内摩擦角 ϕ(°)	静止侧压力系数 K_0	渗透系数 K_v(cm/s)	水平基床系数 K_h(MPa/m)
1－1	杂填土	20.0	8	18	—	7.0×10^{-3}	—
1－2	素填土	18.5	11	9	—	6.7×10^{-6}	—
6－1	粉质黏土	19.2	22	12	0.45	3.3×10^{-7}	21
6－1a	粉质黏土	18.3	8	3	0.50	2.6×10^{-7}	10
6－2	粉质黏土	19.3	31	15	0.40	1.2×10^{-7}	40
10－1	粉质黏土	19.5	40	16	0.37	2.1×10^{-7}	56
10－4	黏土夹碎石	20.1	35	16	0.34	1.2×10^{-3}	53
13－1	残积土	18.8	22	9	—	1.7×10^{-7}	36
13－2	残坡积土	19.7	41	13	—	—	35
15a－1	弱胶结泥质砂岩	21.8	400	34	—	1.2×10^{-4}	145
15a－2	中等胶结泥质砂岩	22.6	400	38	—		200
15a－2a	弱胶结泥质砂岩	21.2	—	—	—		145
18a－2	中风化灰岩	27.1	4 500	48	—	2.3×10^{-2}	750

灰岩、砂岩、泥质砂岩等不同岩性交错出现,局部出现相变等过

渡地层，岩性十分复杂，差异风化明显，地基均匀性差。场区范围岩溶发育强烈，存在溶槽、溶沟、落水洞等地质现象，基岩面无规律性，起伏均较大，出现陡坎、斜岩等，溶洞分别布广、多且洞身大、溶洞连通性好、分布不规则。基岩上覆(6－3)粉质黏土、(10－4)黏土夹碎石(碎石含量25%～40%，局部含量达到60%)，层面埋深8.3～19.1 m，层顶高程10.11～18.68 m。该层在场区内分布无规律，大部分地段均有分布，稳定性较差，施工过程中易造成地面坍塌、突泥等现象。

2.2.2 水文地质

沿线场区内的地下水有上层滞水、孔隙承压水、基岩裂隙水和岩溶水四种类型。

(1)沿线场区内的上层滞水主要赋存于(1－1)和(1－2)层填土中，受大气降水、地表水下渗及人类生产、生活用水排放影响，无统一自由水面。勘察期间实测场区内上层滞水稳定水位埋深在0.41～3.54 m之间，相当于绝对标高22.78～37.56 m。

(2)沿线场区内的孔隙承压水主要赋存于(10－4)层黏土夹碎石中，受侧向地下水的补给，与周边的水塘、水库和湖泊有一定水力联系，呈互补关系，地下水位季节性变化规律明显。场区内承压水水位标高为29.12 m，抽水试验结果显示，(10－4)层黏土夹碎石中有一定的水量。

(3)沿线场区内的基岩裂隙水主要赋存于(15a)层砂岩、(15b)层砾岩，水量一般不丰，因含水层上部多为黏性土层覆盖，难以接受垂直向的大气降水的补给，而主要接受相邻含水岩组的侧向补给。在谷地，大气降水通过山顶岩石入渗后沿岩面侧向补给。

基岩裂隙水水位标高为14.76 m；抽水试验结果显示，场区内(15a)层中的基岩裂隙水水量较小，对本工程的影响不大，施工过程中可通过采取一定的降排水措施来降低其对工程的影响。

(4)沿线场区内的岩溶水主要赋存于(18a－2)层中风化灰岩和

(18a－2a)层溶洞中，主要接受场区周边的水库、湖泊的侧向补给，与长江中的水有一定的水力联系。该区段经过钻探、走访调查、抽水试验和高密度电法物探等结果显示：该段(18a－2)层中风化灰岩和(18a－2a)层溶洞中的岩溶水水量很丰富。

未来三路站地下水按赋存条件分为上层滞水、第四系孔隙水、碎屑岩基岩裂隙水和岩溶承压水四种类型。其中岩溶承压水主要赋存于本场区里程右CK57＋644～右CK57＋879段石炭系黄龙组灰岩浅部发育的溶洞和溶(裂)隙中，因岩溶发育受诸多因素控制，岩溶裂隙水补、径、排条件很复杂；勘探钻孔在灰岩中钻进施工揭露溶洞时，孔口有岩溶水冒出。用三角堰测得其流量$Q \geqslant 220\ m^3/d$，承压水头标高为23.32 m。详勘发现，站场处于一条西北-东南向岩溶含水条带上，其岩溶水通道主要来源于场地西北方向的九龙水库，同时，西北部裸露灰岩接受大气降水和地表水补给，沿岩层裂隙、溶隙渗入，并接受沿途水塘、河流等补给。

通过走访附近的村民，根据村里年长的老人介绍，该位置存在有一个泉眼(大概已有上百年的时间)，出水量很大，由于高新大道的加宽，现在泉眼的位置已经被埋在高新大道的路基下，泉眼中冒出来的水被人们用一根长度约10 m直径约250 mm的铸铁水管引出来。勘察期间水管中的水一直往水沟里流，水较为清澈。

由岩溶引起的主要工程地质问题为岩溶地基塌陷、侧壁坍塌及开挖时的突水、涌泥。岩溶地基塌陷、侧壁坍塌对地铁盾构施工与后期运行的安全将造成较大危害；突水、涌泥对开挖施工有不利影响，因此站点及邻近区间的高承压强富水岩溶地质对站点建设设计和施工带来很大挑战。

2.2.3　气候条件

武汉属北亚热带季风性湿润气候，有雨量充沛、日照充足、夏季酷热、冬季寒冷的特点。一般年均气温15.8～17.5 ℃，一年中，1月平均气温最低，0.4 ℃；7、8月平均气温最高，28.7 ℃。夏季极长，达 135 天，因武汉地处北纬 30°，夏季正午太阳高度可达 38°，又地处内陆、距海洋远，地形如盆地故集热容易散热难，河湖多故夜晚水汽多，加上城市热岛效应和伏旱时副高控制，十分闷热，是中国“四大火炉”之一，夏天气温普遍高于 37 ℃，极端最高气温 44.5 ℃。

初夏梅雨季节雨量集中，年降水量为 1 100 mm。武汉年无霜期 240 天，年日照总时数 2 000 小时。12 月底到次年 2 月是冬季，冬季的平均气温一般在 1～3 ℃，天气好时可以达 7～8 ℃，但是有寒潮或雨雪时常常在 0 ℃以下，比较阴冷。最小相对湿度 11%；最大相对湿度可达 100%；年平均蒸发量 1 755.4 mm，年平均雷暴日数 73.9 天。

2.3 车站设计

2.3.1 主体结构设计

未来三路站有效站台中心里程为右 DK58＋020.3，车站起点里程为右 DK57＋644.6，车站终点里程为右 DK58＋020.3，全长 375.7 m，标准段宽度 22.3 m。结构形式为地下两层双柱三跨钢筋混凝土矩形结构，14 m 岛式站台，车站顶部覆土 2.5～3.6 m。车站的平面图如图 2.3－1 所示，主体结构如图 2.3－2 所示。

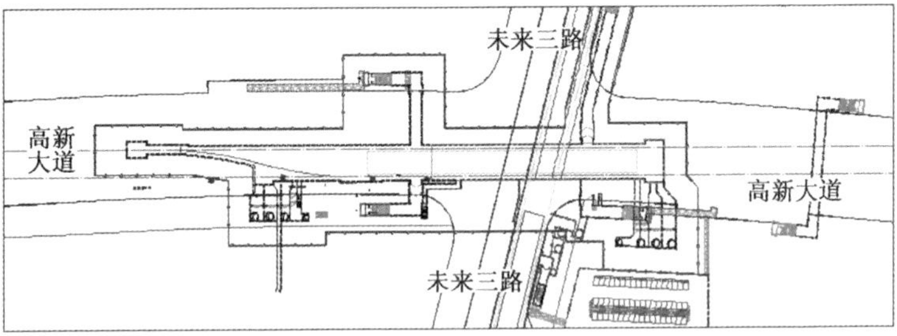

图 2.3－1 未来三路站总平面图

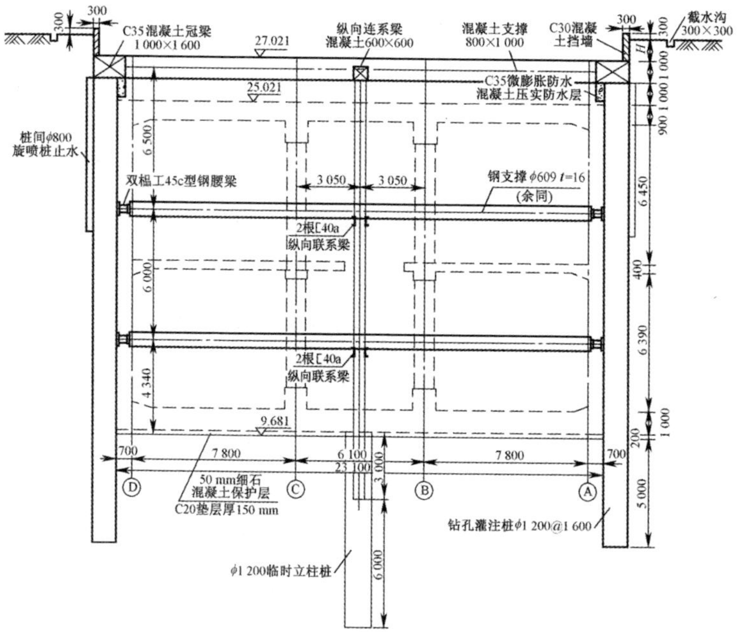

图 2.3-2　主体结构横剖面图(单位:mm)

采用明挖法施工,围护结构采用钻孔桩+内支撑,桩间设旋喷桩止水帷幕,车站主体设全外包防水层。车站标准段基坑深度为 17.81 m,东侧盾构井处基坑深 20.43 m,西侧盾构井基坑深 19.60 m,基坑开挖面积 7 694 m^2。车站东侧设有过街通道,车站大、小里程端接两个盾构区间。

地下结构中的主体结构及其相连的重要构件的设计使用年限为 100 年。相应结构可靠度理论的设计基准期均采用 50 年,主要构件的安全等级为一级,武汉地区的抗震设防烈度为 6 度,城市轨道交通工程的抗震设防分类为乙类,地下结构按 7 度采取抗震措施,以提高结构的整体抗震能力。裂缝控制等级按三级考虑,迎土面及地表附近干湿交替环境下裂缝宽度应不大于 0.2 mm,非迎土面及内部混凝土构件的裂缝宽度均应不大于 0.3 mm，钢筋混凝土管片内外侧的裂缝宽度应不大于 0.2 mm。地下结构中承重构件的耐火等级为一级，其他构件应满足相应的室内建筑防火规范要求。

本车站属甲类人防工程，工程防核武器抗力级别 6 级，防常规武器抗力级别 6 级，防化等级不低于丁级。防护单元内的使用要求为“一般人防工程且有密闭或防水要求，同时做好平战功能的转换”。

地下结构的自身防水要求应满足建筑物防水等级要求，地下车站、人行通道以及风道的设备区按一级防水等级要求设计，风道等非机电设备集中区结构防水等级定为二级。

当地下结构处于有侵蚀地段时，应采取抗侵蚀措施，混凝土抗侵蚀系数不得低于 0.8。

车站结构的施工缝应留在结构剪力较小且便于施工的部位，并兼顾车站内部结构的完整性。其间距一般不宜过大，原则上纵向取 8～16 m。施工缝间应采取可靠防水措施。

车站结构防水满足《地下工程防水技术规范》(GB 50108—2008)的要求，并充分考虑武汉地区地下水丰富并具有不同腐蚀性和潮湿多雨的气候条件对施工的影响，遵循防水方案优先于结构方案的原则。

2.3.2　围护结构设计

车站冠梁以上采用 300 mm 厚混凝土挡土墙，如图 2.3－3 所示。

基坑围护结构采用 ϕ1 200 mm 钻孔灌注桩加内支撑方案，桩间设 ϕ800 mm 旋喷桩止水帷幕，第一道支撑采用钢筋混凝土支撑，水平间距一般为 8 m 左右，第二、三道支撑为 ϕ609 mm、t＝16 mm 钢管支撑，水平间距约 4.0 m。车站围护结构横剖面如图 2.3－2 所示。

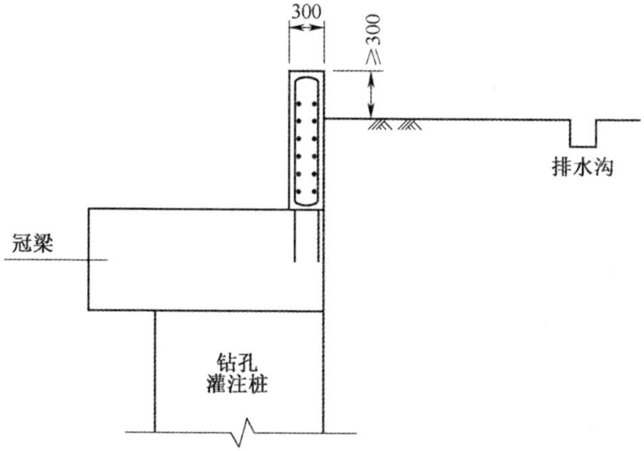

图 2.3－3　挡土墙(单位:mm)

2.3.3　主要工程量

本工程开挖(土方) 369 288 m^3、回填(土方) 197 446 m^3,主体结构钻孔灌注桩钢筋 2 229 t,钻孔灌注桩混凝土 C35 13 929 m^3、立柱型钢 475 t、钢支撑 4 376 t、结构柱混凝土 741 m^3、结构钢筋 6 960 t、底板混凝土 14 333 m^3、中板混凝土 2 877 m^3、顶板混凝土 7 544 m^3、梁混凝土 5 033 m^3、内部结构混凝土 1 600 m^3、主体防水 20 101 m^2。附属结构钻孔灌注桩钢筋 1 639 t、钻孔灌注桩混凝土 9 643 m^3、结构混凝土 15 422 m^3、结构钢筋 2 890 t、防水材料 18 933 m^2。

2.4　周围环境条件

2.4.1　既有建(构)筑物

11 号线未来三路站位于高新大道与未来三路交汇处,横跨交叉路口,沿高新大道敷设,本站为换乘站,与规划的武汉市轨道交通 9

号线通道换乘，规划的轨道交通 9 号线沿未来三路敷设。高新大道道路现状为双向 6 车道，车流量较大且车速较快，主道两侧各有宽约 6.0 m 的辅道和绿化带，车站周边现状为中电建办公生活区、中石油加油站、未来三路、绿化带、荒地和水塘等。

2.4.2 车站周边管线及迁改情况

未来三路站管线调查及迁改情况汇总见表 2.4。

表 2.4 未来三路站管线调查及迁改情况汇总

序号	种类	管线规格（包括材质、数量）	埋深(m)	现状位置	改迁方案	改迁长度(m)
1	燃气管	PE ϕ200 中压	1.4	沿未来三路西侧横穿主体结构	沿施工围挡西侧绕行至高新大道北侧人行道向东接通原管线	347
2	燃气管	PE ϕ200 中压	1.4	沿高新大道纵穿主体结构	由施工围挡南侧绕行	621
3	电力	铜 ϕ150 10 kV 12 孔/2 根	1.5	沿未来三路东侧横穿主体结构	由车站主体结构以外东侧横穿高新大道绕行	527
4	电力	铜 ϕ150 10 kV 12 孔/3 根	1.5	沿未来三路西侧横穿主体结构	由车站主体结构以外东侧横穿高新大道绕行	638
5	电力	铜 ϕ50 380 V	2	由过街涵洞内横穿主体结构	由高新大道北侧荒地接通原管线	99
6	电力	铜 ϕ100 10 kV 12 孔/7 根	2	沿车站南侧纵穿车站附属结构	均改为架空线并由施工围挡南侧绕行	349
7	电力	铜 架空 10 kV 6 根		沿车站南侧纵穿车站附属结构	均改为架空线并由施工围挡南侧绕行	193

续上表

序号	种类	管线规格（包括材质、数量）	埋深（m）	现状位置	改迁方案	改迁长度（m）
8	中水管	铸铁 ϕ600	2	沿车站北侧纵穿车站主体结构	沿施工围挡北侧地面以上绕行	456
9	中水管	铸铁 ϕ600	2	沿车站北侧纵穿车站主体结构	沿施工围挡北侧地面以上绕行	456
10	白浒山给水管	铸铁 ϕ400	2	由过街涵洞内横穿主体结构	由高新大道北侧荒地绕行，在车站以西下穿至高新大道南侧，由西向东接通原管线	355
11	白浒山给水管	铸铁 ϕ150	2	沿车站南侧纵穿车站主体结构	由车站结构以外南侧绕行	331
12	水务集团给水管	铸铁 ϕ500	1	沿车站南侧纵穿车站附属结构	由车站结构以外南侧绕行	371
13	再生水管	铸铁 ϕ200	1	沿车站南侧纵穿车站附属结构	临时废除	临时废除
14	亿德山庄给水管	PE ϕ110	1.2	横穿车站主体结构及附属结构	由高新大道北侧荒地绕行，在车站以西下穿至高新大道南侧，由西向东接通原管线	663
15	雨水管	混凝土 1 000 mm	3	沿高新大道南侧纵穿主体结构	由施工围挡西侧顶管施工，将雨水管道汇集后沿围挡向南引至水沟	236

续上表

序号	种类	管线规格（包括材质、数量）	埋深（m）	现状位置	改迁方案	改迁长度（m）
16	雨水管	混凝土 1 350 mm	3	沿未来三路西侧 150 m 高新大道处横穿主体结构	永久废除	永久废除
17	雨水管	混凝土 1 200 mm	3.5	沿未来三路西侧横穿主体结构	由施工围挡东侧雨水管道引至池塘	25
18	污水管	PE 400 mm	3.5	沿未来三路西侧横穿主体结构	永久废除	永久废除
19	污水管	混凝土 600 mm	3.5	沿未来三路西侧 150 m 高新大道处横穿主体结构	由施工围挡东侧顶管施工，将污水管道汇集后沿围挡向南引至水沟	223
20	通信共通管	PVC ϕ100 9 孔/5 根	1	沿未来三路西侧横穿主体结构	悬吊保护	悬吊保护
21	通信共通管	PVC ϕ100 9 孔/6 根	1	沿高新大道南侧纵穿主体结构	悬吊保护	悬吊保护
22	通信共通管	架空 2 根		沿高新大道北侧	由车站西侧接入人行道通信管沟	350
23	电力中压管	PVC ϕ50 2 孔/2 根	0.5	沿高新大道南侧纵穿主体结构	临时废除	临时废除
24	路灯	PVC ϕ50 2 孔/2 根	0.5	沿高新大道南侧纵穿主体结构	由施工围挡南侧沿新建电线杆绕行	510

2.4.3　车站周边交通疏解

未来三路站交通疏解共分三个阶段，一期围挡车站主体区域，围挡占地时间 18 个月，围挡面积为 18 080 m^2。根据现场实际情况，一期围挡将封闭高新大道南侧人行道、辅道、辅道绿化隔离带、南侧主车道、中央绿化隔离带及部分北侧主车道，如图 2.4－1 所示。将北侧辅道及辅道绿化隔离带翻新加固后与现有北侧主道形成双向四车道作为交通疏解道通行，并且封闭未来三路在高新大道交叉口的南侧路段。同时在围挡东南侧修建一条宽 7 m 的交通疏解道路，连接未来三路南侧和高新大道。

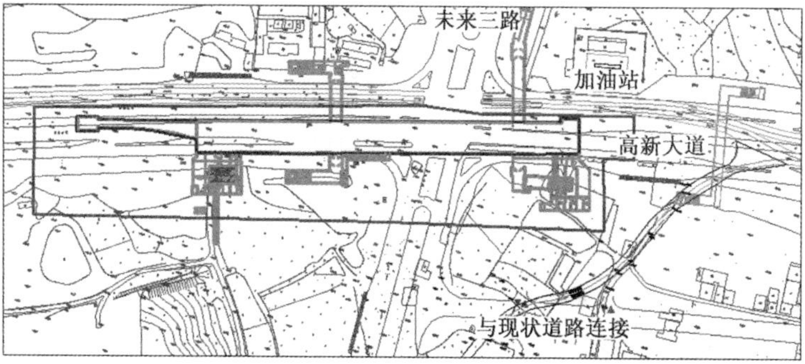

图 2.4－1　一期交通示意图

二期围挡南北侧附属及过街通道南侧区域，围挡占地时间 3 个月，围挡面积为 18 620 m^2。待一期工程完成后恢复路面，围护二期南北侧附属结构，将原南侧辅道及绿化隔离带加固后形成双向四车道作为交通疏解通道。东边的过街出入口先围挡南侧出口，车辆靠北边绕行。二期交通如图 2.4－2 所示。

三期围挡南北侧附属及过街通道北侧区域，围挡占地时间 3 个月，围挡面积为 19 305 m^2。待东边过街通道南出入口完成后恢复路面，然后围挡北边出入口，保证车辆靠南侧绕行。三期交通如图 2.4－3 所示。

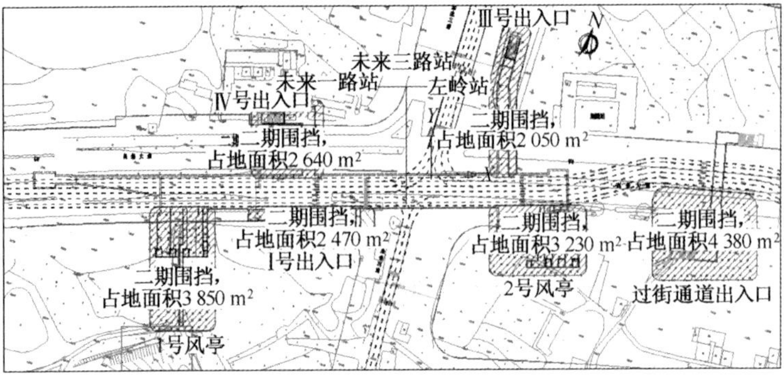

图 2.4－2　二期交通示意图

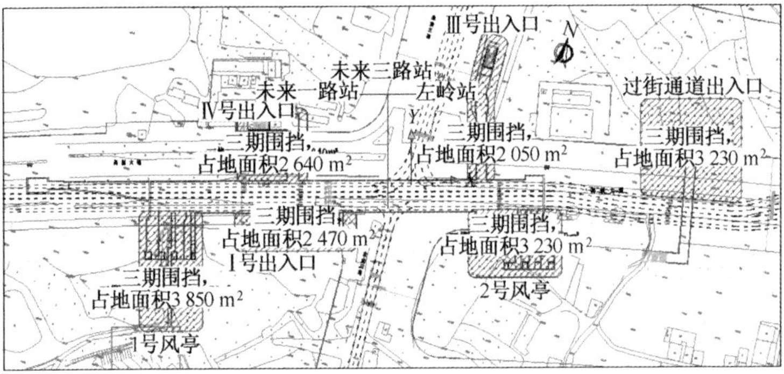

图 2.4－3　三期交通示意图

施工前进一步调查施工区段的交通状况，会同有关交通部门制定详细的交通疏解方案。施工中积极做好施工期间的交通疏解工作，同时在施工期间派专人在施工场地负责疏导交通，确保方案的实现，最大限度地减少施工对交通的干扰。

第 3 章　区域地质及水文特征分析

3.1　未来三路站地质特征分析

3.1.1　地质构造

武汉地铁 11 号线东段工程未来三路站及相邻区间地面地势较平坦，地面高程在 32.82～35.68 m 之间，南面蓄水泵房处地势较低；场地地貌单元属剥蚀堆积垄岗区（相当于长江冲积Ⅲ级阶地区）。车站南北向、东西向构造示意如图 3.1－1 和图 3.1－2 所示。

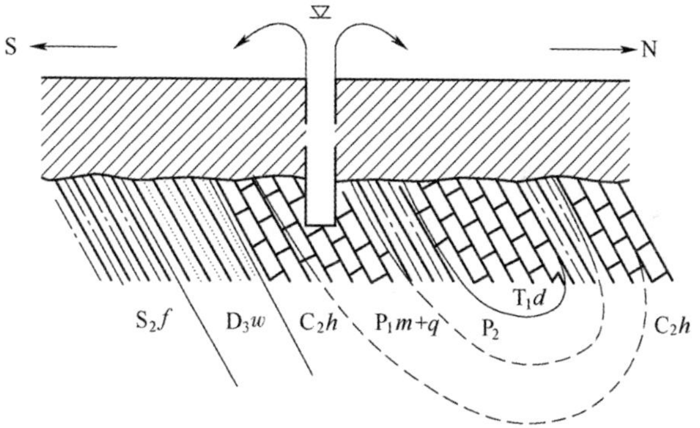

图 3.1－1　车站南北向向斜构造示意图

3.1.2　岩土结构特征

根据年代、成因、土层结构特征及强度上的差异，场地土自上而下可分为 7 层，其中(1)层分三个亚层，(6)层分 4 个亚层，(10)层分 4 个亚层，(15a)层分 2 个亚层。各时代地层岩性如下：

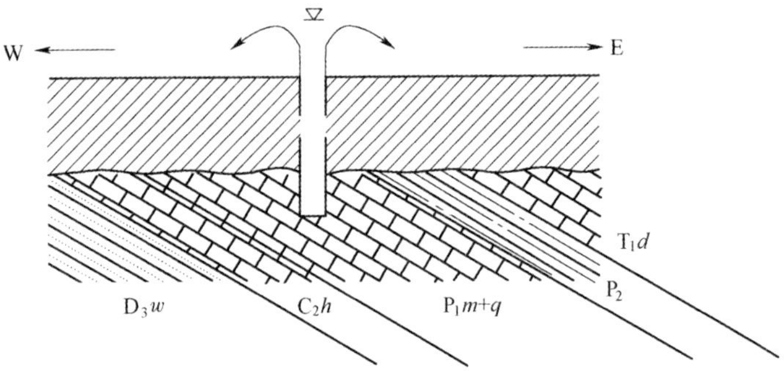

图 3.1－2 车站东西向沿线路构造示意图

(1)填土层(Q^{ml})

1) 杂填土[地层代号(1－1)]。杂色,湿,压缩性不均,该层为修建高新大道和邻近的建(构)筑物拆迁时堆填而成,分布范围和厚度缺乏规律性,带有极大的人为随意性,往往在很小范围内变化很大。拟建场区大部分地段表层为沥青混凝土路面,其下为大小不均的碎石、砂土和黏性土等路基垫层,堆积年限一般小于 10 年,局部大于 10 年,层厚 0.60～8.50 m,该层在场区大部分均有分布。

2) 素填土[地层代号(1－2)]。黄褐、褐色、灰黑色,松散或压密状态,以黏性土为主,局部含植物根系、木头和小碎石,场区的西侧该层局部底部混有淤泥,局部表层零散分布有生活垃圾,力学性质不均匀,工程性能差。堆积年限一般小于 10 年,局部大于 10 年。层厚 0.80～5.50 m,顶板埋深 0～2.20 m。场区西南角均有分布。

(2)第四系全新统湖积(Q_4^l)层,淤泥质黏土[地层代号(1－3)]

灰黑色,流塑状,主要为暗埋原湖、塘、沟内的沉积物,含有机质及少量砖、碎石和植物根茎等杂质,有腥臭味。层厚 2.00～7.80 m,顶板埋深 0～7.50 m。场区局部地段分布。

(3)第四系全新统冲、洪积(Q_4^{al+pl})层

1) 粉质黏土[地层代号(6－1)]。灰色、灰黑色、褐色、灰黄色,

呈可塑状态，中等偏高压缩性。刀切面较光滑，手指稍用力可按出浅坑，干强度较高，韧性较高，局部含铁锰氧化物。层厚 1.50～5.00 m，顶板埋深 2.50～7.00 m。场区局部地段分布。

2)粉质黏土[地层代号(6－2)]。褐色、褐黄色，呈可塑～硬塑状态，中等压缩性。刀切面较光滑，手用力可按出指印，干强度较高，韧性较高，该层中大部分含铁锰氧化物。层厚 1.50～10.60 m，顶板埋深 0.60～5.00 m。场区局部地段分布。

3)粉质黏土[地层代号(6－3)]。灰黑色、灰褐色，呈软～流塑状态，高压缩性，低强度。刀切面较光滑，韧性较高，干强度较高。层厚 2.50～9.20 m，顶板埋深 3.90～8.50 m。主要在里程段右 CK57＋700～右 CK57＋820 分布。

4)粉质黏土[地层代号(6－4)]。灰黑色、褐色，呈可塑状态，中等偏高压缩性。刀切面较光滑，韧性较高，干强度较高。层厚1.90～11.70 m，顶板埋深 2.00～8.50 m。场区局部地段分布。

(4)第四系上更新统冲、洪积(Q_3^{al+pl})层

1)黏土[地层代号(10－1)]。褐黄色、灰黄色、棕红色，呈硬塑～坚硬状态，中等偏低压缩性，含氧化铁，铁锰质结核及少量条带状和团块状高岭土，刀切面光滑，干强度高，韧性高。层厚 0.60～15.60 m，顶板埋深 0.80～14.30 m。场区局部地段分布。

2)粉质黏土[地层代号(10－2)]。褐黄色、灰黄色、灰白色，呈可塑状态，中等压缩性，含氧化铁及条带状和团块状高岭土，局部夹粉砂土，刀切面较光滑，局部欠光滑，干强度较高，韧性较高。层厚 1.40～8.60 m，顶板埋深 7.00～16.40 m。场区局部地段分布。

3)黏土夹碎石[地层代号(10－4)]。灰黄色、褐黄色，黏性土呈硬塑～坚硬状态，中等偏低压缩性，含氧化铁团块状高岭土，夹碎石及少量块石，呈次棱角状，成分为砂岩及石英砂岩，粒径 15～80 mm，含量 15％～35％(局部含量达到 60％)，黏性土干强度高，韧性高。层厚 0.70～7.80 m，顶板埋深 19.00～14.40 m。主要在里程段右 CK57＋600～右 CK57＋810 分布。

(5)残积土(Q^{el})[地层代号(13－1)]

褐红、棕红色,主要由白垩-下第三系(K－E)东湖群泥质砂岩风化形成,已经风化呈土状,刀切面欠光滑,韧性稍差,局部含粉细砂,中等压缩性。层厚1.50～4.90 m,顶板埋深9.10～15.80 m。场区局部地段分布。

(6)溶洞[地层代号(18a－2a)]

褐红～褐黄色,呈软～硬塑状,以黏性土为主,含铁锰质氧化物,层中不均匀夹有碎石,呈棱角～次棱角状,含量一般为5%～35%,粒径一般在5～30 mm间。主要在石炭系黄龙组(C_2h)灰岩中揭露该层。

(7)下伏基岩

1)白垩系东湖群组(K－E)泥质砂岩。

弱胶结泥质砂岩[地层代号(15a－1)]。褐红色,其基质主要为泥质和粉砂质,胶结性差,岩芯采取率较高,呈散体状和柱状,手用力可捏碎。属于极软岩,岩体完整,基本质量等级为Ⅴ级,属于软化岩石。层厚3.60～11.50 m,顶板埋深11.20～20.60 m。主要在里程段CK57＋800～CK57＋890分布。

2)中等胶结泥质砂岩[地层代号(15a－2)]。褐红色、灰色、局部夹有薄层状灰白色,其基质主要为泥质和粉砂质,胶结程度中等,岩芯采取率高,呈短柱状和长柱状。属于极软岩,岩体完整,基本质量等级为Ⅴ级。层厚2.80～31.70 m,顶板埋深12.50～32.60 m。主要在里程段CK57＋800～CK57＋890分布。

3)石炭系黄龙组(C_2h)灰岩。中风化灰岩[地层代号(18a－2)]。灰色、浅灰色、灰白色,岩质很硬,岩芯呈柱状、半圆柱状和碎块状,节理裂隙发育,锤击声清脆,岩芯滴盐酸有剧烈气泡产生,部分钻孔取出的岩芯表面有严重的溶蚀,部分岩芯呈半圆柱形,岩芯表面还有小溶沟、溶槽的迹象。岩芯采取率为70%～80%,岩体较破碎,属于坚硬岩,质量等级为Ⅲ级。层厚0.10～29.90 m,顶板埋深9.80～41.60 m。主要在里程段右CK47＋600～右CK47＋830分布。

4)泥盆系五通组(D_3w)砂岩。

①中风化砂岩[地层代号(20c－2)]。灰褐色、浅灰色，夹薄层灰白色，含岩屑泥-砂状结构，块状构造，节理裂隙极发育，岩芯大部分呈块状，少数呈不完整的短柱状，局部深度处夹有石英砂岩岩块，锤击声闷，不易碎，属于软岩，岩体破碎，基本质量等级为Ⅴ级。层厚2.60～14.08 m，顶板埋深14.00～44.20 m。主要在里程段右CK57＋600～CK57＋680分布。

②构造挤压揉皱带[地层代号(20s)]。灰褐色、灰黑色，岩芯大多呈小碎块状，部分呈土状，局部夹有中风化砂岩和石英砂岩的岩块。勘探取芯率较低，属于极软岩，岩体极破碎，基本质量等级为Ⅴ级。场区内该层仅少量揭露。

3.1.3　特殊岩土及不良地质

1. 软土

场区内的软土为(1－3)层淤泥质黏土，由于(6－3)层粉质黏土呈软～流塑状态，特性类似软土，软土具有低强度、低渗透性、高灵敏度、流变性和不均匀性。根据详勘土工试验测试分析，拟建场区的软土含水率较高、孔隙比大，呈高压缩性，根据灵敏度测试统计结果，场区软土的灵敏度为2.0～4.0，属于中等灵敏～灵敏土，有机质含量为2.4％～9.5％，pH值为7.50～7.94，力学强度低，在工程中应注意其易触变、流变的特性。施工时应采取有效措施进行控制，避免对施工造成影响。

2. 老黏性土胀缩性

区间场地沿线地貌单元属剥蚀堆积垄岗区(长江Ⅲ级阶地)，该阶地的老黏性土具一定的吸水膨胀和失水收缩的特性，其中，局部地段老黏性土自由膨胀率大于40％，且由于层位不同和软化性质上的差异，其胀缩性指标也复杂多变，老黏性土吸水膨胀后土体强度将急剧下降，地铁施工应针对老黏性土局部具弱膨胀潜势的特性，采取相应的防水措施。

总体而言，场区内灰岩、砂岩、泥质砂岩等不同岩性交错出现，局部出现相变等过渡地层，岩性十分复杂，差异风化明显，地基均匀性差。存在溶槽、溶沟、落水洞等地质现象，基岩面无规律性，起伏均较大，出现陡坎、斜岩等。基岩上覆(6－3)粉质黏土、(10－4)黏土夹碎石(碎石含量25%～40%，局部含量达到60%)、层面埋深8.3～19.1 m，层顶标高10.11～18.68 m。该层在场区内分布无规律，大部分地段均有分布，稳定性较差，施工过程中易造成地面坍塌、突泥等现象。

3.2 岩溶地质特征勘察分析

3.2.1 工程地质及水文详勘

2015年1～3月，实施了武汉市轨道交通11号线第Ⅳ标段未来三路站详细勘察。通过采用岩溶地质测绘和调查、物探、钻探等综合手段进行研究。勘察结果表明：本工程桩号右CK57＋644～右CK57＋879段分布有石炭系黄龙组(C_2h)灰岩，岩溶极为发育；场区内岩溶水的水位较高，且岩溶水的水位受地面补给明显，长时间降雨后，岩溶水位明显升高；岩溶水通道发育不均匀，连通性较复杂，且水量大。

综合各类资料显示，未来三路站场地分布石炭系黄龙组～二叠系(C_2h+P_1)可溶性灰岩，且正处于有几百年历史的承压泉(活灵泉)的正上方。岩溶承压水发育，溶蚀现象较为突出，溶洞、溶槽强烈发育，是影响地铁工程施工与运营安全的主要工程地质问题。其危害表现为突水涌泥、岩溶地基失稳和岩溶塌陷问题，如处理不当，将对地铁工程施工造成破坏，对运营长期安全及周边建筑、交通和人员安全可能造成威胁。

3.2.2 岩溶专项勘察

2015年12月～2016年3月组织开展了武汉市轨道交通11号

线东段工程生物园站—光谷四路站区间及未来三路站岩溶专项勘察。

主要技术方法包括：

①资料搜集：主要对区域地质、水文地质资料以及场地前期勘察资料等进行搜集，为勘察工作的开展、选定合理途径及对场地的综合分析评价奠定基础。

②地质测绘：根据前期勘察资料及收集的区域工程地质、水文地质资料，对线路区开展 1∶2 000 的地质测绘，以查明隧道、车站区岩溶发育情况及水文地质条件。

③工程钻探：本次专项勘察布置的钻孔主要用于揭示地质结构、溶洞发育及其充填物情况，配合物探测试工作，并验证物探 CT 推测岩溶异常区，以及进行地下水观测。

④钻孔间电磁波 CT：利用电磁波 CT 对岩溶、破碎带等高吸收不良地质体具有分辨率强、精度高、空间位置准确等特点，故本次勘察采用钻孔间电磁波 CT 探测孔间溶洞分布和规模。采用电测深法探查岩溶水通道。

⑤钻孔彩色电视成像：选择岩溶复杂、水文地质条件复杂段钻孔进行钻孔彩色电视成像，以了解岩溶、裂隙发育情况、充填情况等。

⑥水文地质试验：为了解各岩组的渗透性与富水性，布置 10 组抽水试验。

⑦地下水位观测：通过地下水位长期观测，了解地下水位动态变化规律及水力联系。

⑧室内试验：对溶洞充填物进行物理力学性质试验；对灰岩进行化学成分分析试验和矿物薄片鉴定，以了解不同时代灰岩的矿物成分及可溶性特征；对不同水文地质单元的地下水取样，并进行水质分析。

通过采用岩溶地质测绘和调查、物探、钻探等综合手段进行研究，进一步查明岩溶发育情况，评价岩溶对工程和环境的影响及危害程度。本次勘察主要目的如下：

一是查明拟建工程范围及影响地段的各种岩溶和土洞的位置、

规模、埋深、岩溶充填物性状，并分析成因及发展趋势，对工程设计和岩溶处理提出建议，为施工（包括施工方法）提供详细的岩土资料。

二是查明岩溶段场地地下水的类型、性质、埋藏条件、补给排泄条件、地下水位变化幅度、渗透性。查明各含水层水位或水头高度及其地下水动态和周期变化规律，以及岩溶水的物性，对其涌水量、连通性进行分析和评价，并结合工程方案，提出处理措施。

三是查明沿线地质结构，覆盖层成因、性质，结合岩溶发育情况和工程方案，评价岩溶对工程和环境的影响危害程度，并提出处理措施建议。

1. 岩溶形态

根据钻探及物探电磁波 CT 探测结果，勘察区内岩溶强发育，岩层表面与覆盖层接触部位表现出凹凸不平，其岩溶形态主要为溶沟溶槽。其主要发育在褶皱核部或断层破碎带附近，是在岩石裂缝基础上发展形成，走向多为近 EW 向，长短宽窄不一，断面上呈沟槽状或浅凹碟状。岩溶内部发育带中的岩溶形态主要为溶孔、溶洞。通过物探电磁波 CT 探测，本区溶洞多以裂隙溶蚀为主，在右 CK57＋644～右 CK57＋879 段石炭系黄龙组灰岩岩溶发育，本次钻探揭露溶洞洞高 0.40～14.50 m。

据钻探揭露，场地区岩溶发育类型主要有溶隙和溶洞，另外，钻探揭露及物探探测表明，岩层表面与覆盖层接触部位起伏大，推测可能为灰岩表面溶沟和溶槽较发育，多被老黏土及少量红黏土充填。本次物探 CT 探测共发现岩溶异常点 136 个，其中 94 个岩溶异常点与钻孔揭露的溶洞相吻合，其余 42 个异常点位于钻孔之间，可能为溶洞、溶蚀带或溶隙、溶槽。根据物探电磁波 CT 探测，溶蚀带内岩体电磁波的吸收系数大，显示带内岩体性状较差。

2. 岩溶发育规模

本次专项勘察钻孔揭露的溶洞垂直高度统计分析成果见表 3.2－1及图 3.2－1。结果表明：溶洞洞高小于 0.5 倍隧道洞径（隧道洞径为 6 m）的有 95 个，占总数的 74.22％；洞高在 0.5 倍洞径与

1 倍洞径之间的有 26 个，占总数的 20.31%；洞高大于 1 倍洞径的有 7 个，占总数的 5.47%，其中一处发育一溶洞（串珠状）铅直高度达 14.5 m。从上述分析表明钻探揭露可溶岩中岩溶形态以溶隙、溶洞为主。溶洞发育强烈，以小型溶洞为主。

表 3.2－1　钻孔揭露溶洞垂直高度情况统计表

溶洞高度(m)		≤1 m（0.17 倍洞径）	1～3 m（0.17～0.5 倍洞径）	3～6 m（0.5～1 倍洞径）	6～10 m	＞10 m	溶洞总数
灰岩	个数	34	61	26	6	1	128
	所占百分比	26.56%	47.66%	20.31%	4.69%	0.78%	100%

注：表中“洞径”指隧道洞径，隧道洞径为 6 m。

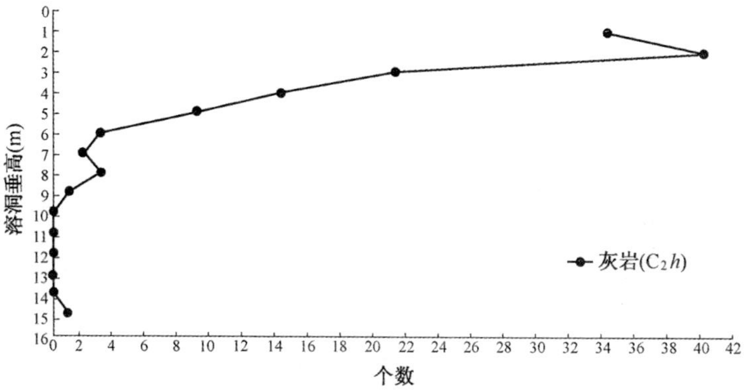

图 3.2－1　钻孔揭露溶洞垂直高度统计图

3. 物探 CT 推测岩溶异常点规模

通过物探 CT 推测岩溶异常点高度统计分析成果见表 3.2－2 及图 3.2－2。探测岩溶异常点高度小于 0.5 倍隧道洞径的有 61 个，占总数的 44.85%；岩溶异常点高度在 0.5 倍洞径与 1 倍洞径之间的有 57 个，占总数的 41.91%；岩溶异常点高度大于 1 倍洞径的有 18 个，占总数的13.23%。表明岩溶异常点高度以小于隧道1倍洞径为主。结合钻探、物探探测结果分析,场地内溶洞及物探CT推测岩溶异常点垂直高度多在1倍隧道洞径以内,占总数的86%以上,垂直高度大于10 m的特大溶洞和岩溶异常点共2个。工程设计与施工中,应对溶洞洞径大于3 m和距底板较近的溶洞进行重点处理。

表3.2-2　物探CT推测岩溶异常点高度情况统计表

异常点高度(m)		≤1 m(0.17倍洞径)	1~3 m(0.17~0.5倍洞径)	3~6 m(0.5~1倍洞径)	6~10 m	>10 m	异常点总数
灰岩	个数	14	47	57	16	2	136
	所占百分比	10.29%	34.55%	41.91%	11.76%	1.47%	100%

注:表中"洞径"指隧道洞径,隧道洞径为6 m。

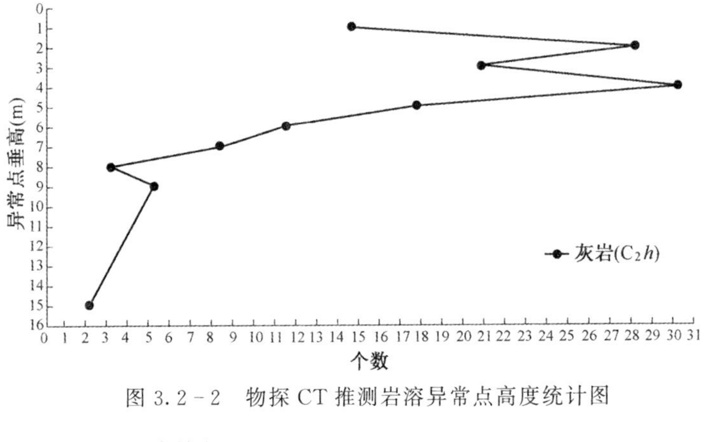

图3.2-2　物探CT推测岩溶异常点高度统计图

4. 溶洞充填特征

灰岩地层中溶洞充填情况见表3.2-3,根据统计分析,溶洞充填情况与分布深度关系曲线如图3.2-3所示。钻孔揭示溶洞全充填的有51个,占溶洞总数的39.84%;半充填的有5个,占溶洞总数的3.9%;无充填的有72个,占溶洞总数的56.25%。石炭系黄龙组

(C_2h)灰岩均以无充填为主,全充填次之,少量半充填。

表 3.2-3　钻孔揭示溶洞充填情况统计表

地层	溶洞	全充填溶洞		半充填溶洞		无充填溶洞	
	总数	个数	所占百分比	个数	所占百分比	个数	所占百分比
灰岩	128	51	39.84%	5	3.9%	72	56.25%

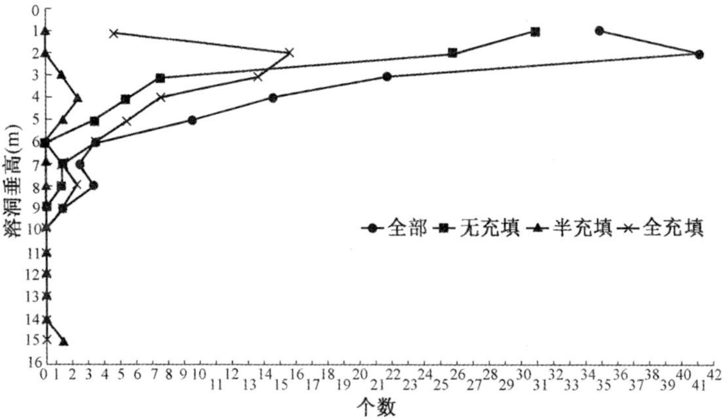

图 3.2-3　溶洞充填情况与基岩面空间关系曲线

由图 3.2-3 可见,一般浅部溶洞多为无充填,全充填或半充填的溶洞相对较少,埋深较大的溶洞多为全充填。钻孔揭示溶洞充填物多为棕红、棕黄色黏性土或黏性土夹碎石。充填物状态不一,多呈软-可塑状,部分呈流塑或硬塑状,少部分溶洞充填中密的灰黄色角砾状土或碎石土。根据钻探情况,部分溶洞充填物钻探时钻具自沉或人工加压可以压下,其承载力极低。随着垂向深度的增加,地下水交替活动减弱,岩石裂隙亦极为少见,溶洞分布也随之减少。石炭系黄龙组(C_2h)灰岩中的溶洞均位于地下水位以下,未充填的溶洞富水性较强,半充填溶洞富水性较差,全充填的溶洞富水性最差;地下水位以下的溶洞基本处于饱水状态,溶洞空腔富水性很强。隧道开挖时应重点注意可能揭露富水含泥溶洞的突水涌泥问题。

5. 溶洞、物探推测岩溶异常点在高程上的分布特征

(1)溶洞在高程上的分布特征

钻孔揭露的40个溶洞顶板在高程上的分布统计如图3.2-4所示。钻孔所揭露的溶洞顶板高程大多集中在-1～11 m高程段，共有大小溶洞96个，约占溶洞总数的75%，此高程段以外勘探深度范围岩溶相对不发育，岩溶发育强度在垂直方向上近似呈正态分布。各岩溶层组的溶洞分布高程略有差异。

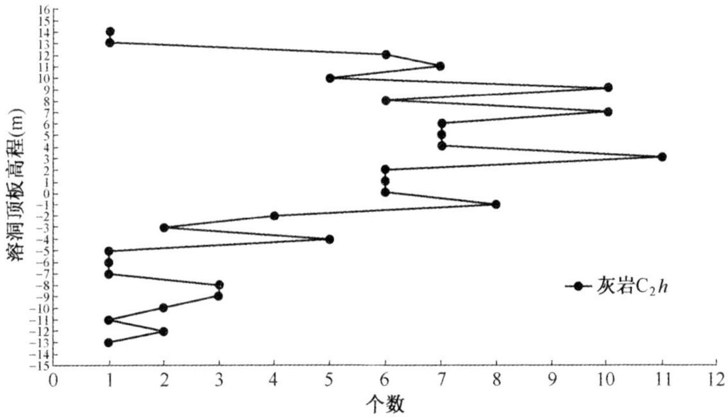

图3.2-4 溶洞顶板高程分布图

(2)物探CT推测岩溶异常点在高程上的分布特征

物探CT推测岩溶异常点在高程上的分布统计如图3.2-5所示。物探CT推测岩溶异常点顶板高程大多集中在-1～12 m高程段，共有大小异常点111个，约占异常点总数的81.61%。各岩溶层组的异常点顶板分布高程略有差异。结合钻探、物探探测成果分析，物探推测岩溶异常点的高程分布规律与钻孔揭露的溶洞的高程分布规律基本吻合，场地内溶洞顶板高程大多分布在-1～12 m高程段，其余高程段溶洞分布较少，表明场地灰岩中溶洞、溶隙处于武汉浅部岩溶发育带内。

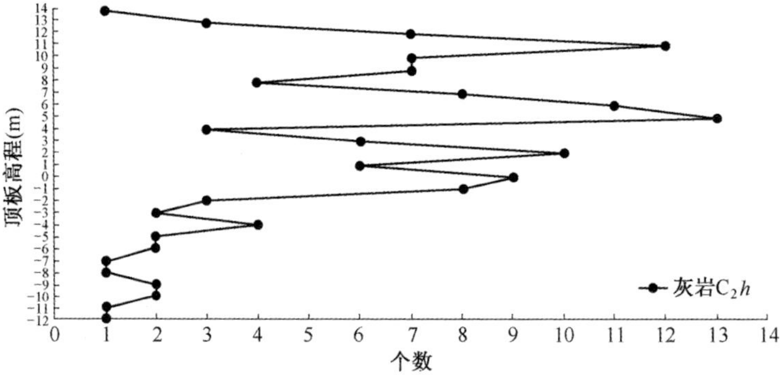

图 3.2-5　物探 CT 推测岩溶异常点顶板高程分布图

6. 溶洞、物探推测岩溶异常点与基岩面的空间关系

(1)溶洞与基岩面的空间关系

溶洞顶板与基岩面空间关系分布规律如图 3.2-6 所示。钻孔所揭露的溶洞位于灰岩面下 2 m 范围内的有 27 个,占溶洞总数的 21.0%,溶洞分布数量随深度增加总体呈递减的趋势,仅在 7～8 m、12～13 m 和 17～19 m 范围有所增加。

(2)物探 CT 推测岩溶异常点与灰岩面的空间关系

物探 CT 推测岩溶异常点顶板与灰岩面空间关系分布规律如图 3.2-7 所示。根据物探 CT 推测岩溶异常点顶板距灰岩顶板之间的垂直距离统计分析,异常点主要集中于灰岩面以下 6 m 内(隧道 1 倍洞径内),共有 63 个,约占总数的 46.32%,其中分布于灰岩面以下 1 m内的有 31 个,约占总数的 22.79%,分布于灰岩面以下 1～3 m 的有 12 个,约占总数的 8.82%,分布于灰岩面以下 3～6 m 的有 20 个,约占总数的 14.70%;分布于灰岩面以下 6～10 m 的有 24 个,约占总数的 17.64%;分布于灰岩面 10 m 以下的有 49 个,约占总数的 36.02%。从以上看出分布于灰岩面处的异常点较多,表明灰岩面处溶沟、溶槽较发育。

结合钻探、物探探测成果分析,场地内溶洞、物探 CT 推测岩溶

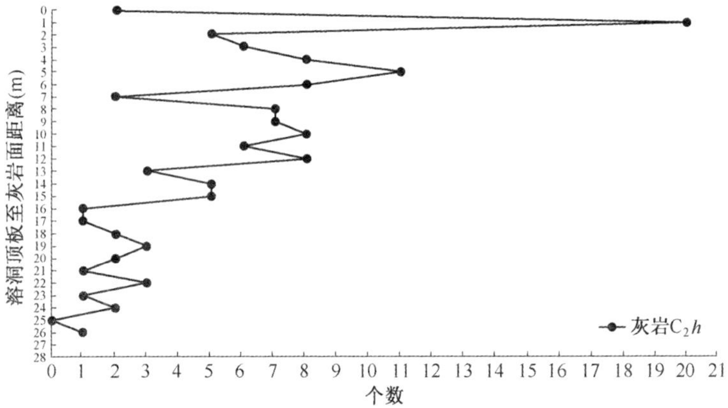

图 3.2-6　溶洞顶板与灰岩面空间关系分布曲线

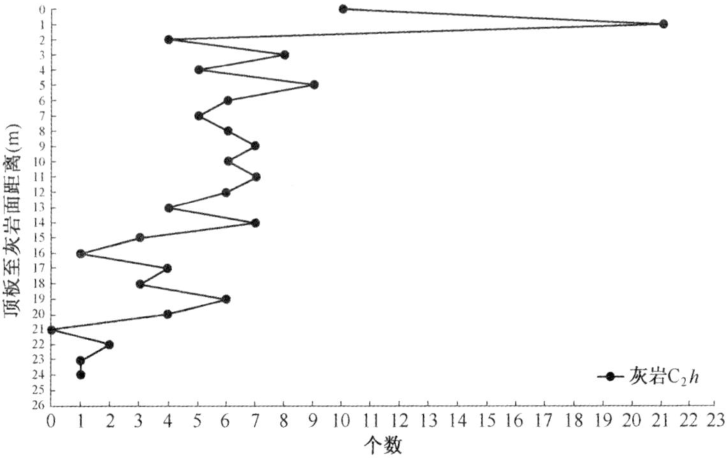

图 3.2-7　物探 CT 推测岩溶异常点顶板与灰岩面空间关系分布曲线

异常点多分布在基岩面以下 8 m 范围内，溶洞、物探推测岩溶异常点总体上随深度增加呈递减趋势。

7. 溶洞、物探推测岩溶异常点与地铁工程的关系

(1)溶洞与地铁工程的关系

通过对溶洞数据统计分析和研究，探讨溶洞洞高、埋深、发育程

度与地铁隧道结构底板或车站基坑底板之间关系。

勘察发现：位于地铁基坑开挖范围内的溶洞有17个，占13.28%，溶洞高度0.7～14.5 m。位于地铁隧道底板高程以下3 m（0.5倍隧道洞径）范围内分布的溶洞有22个，占17.19%，溶洞高度0.40～8.30 m。位于地铁隧道底板高程以下3 m（0.5倍隧道洞径）至6 m（1倍隧道洞径）范围内分布的溶洞有25个，占19.53%，溶洞高度0.30～6.80 m。位于地铁隧道底板高程以下6～10 m范围内分布的溶洞有27个，占21.09%，溶洞高度0.50～7.60 m。位于地铁隧道底板高程以下10 m范围以下分布的溶洞有37个，占28.90%，溶洞高度0.40～7.70 m。

因此，地铁隧道底板及以下较浅范围内存在较大溶洞时，地铁施工或运营中可能产生岩溶地基塌陷问题，需采取工程处理措施。

(2)物探CT推测岩溶异常点与地铁工程的关系

通过对物探CT推测岩溶异常点数据统计分析和研究，探讨物探CT推测岩溶异常点与地铁隧道结构底板或车站基坑底板之间关系。

物探CT发现：位于地铁隧道洞身范围内及洞身附近的异常点有30个，占22.05%，异常点高度0.40～14.50 m。位于地铁隧道底板高程以下3 m（0.5倍隧道洞径）范围内分布的异常点有18个，占13.23%，异常点高度0.40～6.90 m。位于地铁隧道底板高程以下3 m（0.5倍隧道洞径）至6 m（1倍隧道洞径）范围内分布的异常点有22个，占16.17%，异常点高度1.40～8.10 m。位于地铁隧道底板高程以下6～10 m范围内分布的异常点有22个，占16.17%，异常点高度0.60～6.80 m。位于地铁隧道底板高程以下10 m范围以下分布的异常点有44个，占32.35%，异常点高度0.50～8.20 m。

结合钻探、物探CT探测结果分析，场地物探CT推测岩溶异常点大致与钻探揭示的溶洞分布一致，但高度较大，对已揭露及探测到位于隧道底板及以下较浅范围内较大溶洞及岩溶异常点，应引起重视，地铁施工或运营中可能产生岩溶地基塌陷问题，需采取工程处理措施。

8. 主要工程地质问题分析

根据本次岩溶专项勘察钻孔揭露及CT物探显示，场地岩溶发育程度总体属强发育。可溶岩上部主要分布第四系上更新统老黏性土，由于老黏土覆盖区岩溶水都具有承压性，不具备土洞形成的基本条件，因而土洞不发育。老黏性土自身的性状决定了其一般不会产生岩溶地面塌陷。因此，老黏性土覆盖的碳酸盐岩地区基本不会产生岩溶地面塌陷。

根据沿线场地地质结构、岩性特征、岩溶发育程度和地下水赋存运移特征等因素，综合分析岩溶埋藏条件和历史地面塌陷险情等，沿线场地发生岩溶地面塌陷的可能性低。

根据《城市轨道交通岩土工程勘察规范》(GB 50307—2012)岩溶地面塌陷预测分析参考标准累计指标分为65分，判定本场地为不易塌陷区。

完整的碳酸盐岩岩体强度高，是良好的天然地基。但对于未来三路站灰岩的岩溶极发育，溶洞分布广、洞身大应考虑岩溶对建筑物地基的影响。

场地内钻孔共揭露溶洞128个，物探异常136处。当这些溶洞、物探异常位于地铁隧道底板以下，规模较大且溶洞顶板与地铁隧洞底板间岩体有效厚度较小时，可能导致溶洞顶板坍塌，在施工中可能会引起盾构机发生“磕头”陷落事故，并危及地基稳定。当溶洞位于拟建地铁隧洞洞身、洞顶或边墙部位时，洞内充填或半充填软塑、流塑状黏土，在地铁隧洞施工过程中，溶洞中的充填物可能形成垮塌而影响施工安全。

对已揭露及探测到位于隧道底板以下的溶洞及物探异常点，尤其是位于隧道底板以下1倍洞径范围内的较大溶洞及物探异常点，地铁施工或运营中可能产生岩溶地基塌陷问题，需采取工程处理措施。

场地岩溶较发育，岩溶水分布不均，部分地段水量较丰富。勘探成果表明，场地内部分溶洞、溶隙中富含岩溶水或充填有泥。

隧道与车站底板大部分位于岩溶承压水水位之下，地铁施工中，在突遇岩性变化或突遇溶洞、溶隙或断层破碎带时，或开挖至底板剩余土层较薄时，岩溶地下水可能涌入或击穿坑底，产生突水、涌泥问题，对施工安全产生不利影响。矿山法施工时建议在隧道与车站施工中采取降水、封堵或导流等措施，防止事故发生；盾构法施工时，岩溶承压水可能会影响盾构施工开挖面的压力平衡，进而影响盾构机的正常掘进。

本次岩溶勘察场区内右线 DK57＋632～DK57＋738.3 为拟建的盾构区间隧道，区间内岩溶发育尤为强烈，钻孔 22 个，出现溶洞钻孔 21 个，见洞率 95.4%。局部揭露特大溶洞洞深为 14.5 m。钻孔揭露场区局部盾构区间隧道洞身位于灰岩中（中风化灰岩分布隧道底板以上 1～3 m），基岩面无规律性，起伏均较大，出现陡坎、斜岩等现象。拟建的盾构区间地质情况异常复杂，施工难度大，安全风险高，盾构机一旦发生栽头或偏移，工期影响将不可预估。

鉴于小里程车站西端的部分盾构区段串珠状岩溶异常发育，从施工安全考虑，建议将未来三路地下站左右线盾构端头向西调整到非可溶岩范围内。另外，需进行岩溶处理，处理措施一般采用单液浆、双液浆等注浆加固，对于特大溶洞则采用桩基托换或其他专项处理措施进行处理。

3.2.3　大型溶洞专项勘察

详勘资料显示，施工区域内有构造破碎带及灰岩分布，根据施工需要中国水利水电第十三工程局有限公司委托陕西地矿第二工程勘察院对武汉市轨道交通 11 号线东段工程未来三路站 EJQJZ－Ⅳ15－YWS－28－2 号孔周边特大溶洞发育情况进行专项详细勘察。以该孔为中心，东西、南北走向各布置 1 排钻孔，孔间距 2～5 m，直至查出溶洞的边界为止。当钻孔揭示有新增溶洞或特殊情况时再加密钻孔。勘察结果表明，Y57、Y58、Y59 等孔有溶洞分布，且洞身较大。

结合详勘 EJQJZ－Ⅳ15－YWS－28－2 号钻孔资料，为进一步调查溶洞连通性、洞身高度、填充物等，进行了加密布孔，新增 8 个钻孔，孔号分别为 Y56－1、Y57－1、Y28－3～Y28－8。

1. 岩土层结构及其物理力学性质

本次勘察与详勘阶段揭示地层在岩性特征及含有物上基本一致，仅在厚度上有所变化。根据详勘成果，上部土层除杂填土和素填土层（Q^{ml}）外，其下主要为第四系全新统冲、洪积（Q_4^{al+pl}）的粉质黏土，第四系上更新统冲、洪积（Q_3^{al+pl}）黏土和黏土夹碎石，残积土（Q^{el}）和残坡积土（Q^{el+dl}），下伏基岩为白垩-下第三系（K－E）的泥质砂岩、石炭系（C）的灰岩、泥盆系（D）的石英砂岩、志留系（$S_2 f$）的泥岩、砂质泥岩、砂岩和构造挤压揉皱带。根据年代、成因、土层结构特征及强度上的差异，场区沿线的岩土层自上而下可分为 8 层，其中（1）层分 2 个亚层，（6）层分 4 个亚层，（10）层分 3 个亚层，（13）层分 2 个亚层，（15a）层分 2 个亚层，（20a）、（20b）、（20c）层各分为 3 个亚层。本次特大溶洞专项勘察场区内分布的岩土层的构成与特征如下：

（1）填土（Q^{ml}）

1）杂填土[地层代号（1－1）]。杂色，湿，压缩性不均，该层为修建高新大道及两侧道路时堆填而成，其分布范围和厚度缺乏规律性，带有极大的人为随意性，往往在很小范围内变化很大。拟建区间线路大部分地段表层为沥青混凝土路面，其下为大小不均的碎石、砂土和黏性土等路基垫层，碎石粒径为 2.0～80.0 cm 不等，工程性能差，硬杂质含量不均匀，一般为 60%，部分地段超过 80%。层厚 0.6～5.0 m，平均厚度 1.30 m，该层在沿线场区内部分地段缺失，堆积年限一般小于 10 年，局部大于 10 年。

2）素填土[地层代号（1-2）]。黄褐、褐色、褐红色，松散或压密状态，以黏性土为主，局部含植物根系、木头和小碎石，力学性质不均匀，工程性能差。其厚度 0.7～5.5 m，平均厚度 2.28 m，层面埋深 0～2.5 m，层顶高程 22.71～39.17 m。该层在沿线场区内局部缺失，堆积年限一般小于 10 年，局部大于 10 年。

(2)第四系全新统冲、洪积(Q_4^{al+pl})层

粉质黏土[地层代号(6－2)]。褐色、褐黄色，呈可塑～硬塑状态，中等压缩性。刀切面较光滑，手稍用力可按出指印，干强度较高，韧性较高，该层中大部分含铁锰氧化物。其厚度 1.00～11.50 m，平均厚度 3.65 m，层面埋深 0.80～6.10 m，层顶高程 21.32～37.06 m。

(3)第四系上更新统冲、洪积(Q_3^{al+pl})层

1)黏土[地层代号(10－1)]。褐黄色、灰黄色、棕红色，呈硬塑～坚硬状态，中等偏低压缩性，含氧化铁、铁锰质结核及少量条带状和团块状高岭土，刀切面光滑，干强度高，韧性高。其厚度 0.30～18.20 m，平均厚度 5.20 m，层面埋深 0.7～10.0 m。

2)黏土夹碎石[地层代号(10-4)]。灰黄色、褐黄色，黏性土呈硬塑～坚硬状态，低压缩性，含氧化铁、铁锰质结核及团块状高岭土，夹碎石和块石，呈次棱角状，成分为砂岩及石英砂岩，石英含量在 72%～90%，粒径 10～80 mm 不等，个别大于直径 130 mm 的钻具，含量 10%～40%(局部含量达到 60%)，无摇振反应，干强度高，韧性高。其厚度 0.6～12.0 m，平均厚度 3.05 m，层面埋深 2.2～14.5 m，层顶高程 12.84～36.75 m。沿线场区内该层大部分地段均有分布。

(4)石炭系(C)灰岩、溶洞(地层主编号 18a)

1)中风化灰岩[地层代号(18a－2)]。灰色、浅灰色、灰白色，岩质很硬，岩芯呈柱状、半圆柱状和碎块状，节理裂隙发育，锤击声清脆，岩芯滴盐酸有剧烈气泡产生，部分钻孔取出的岩芯表面有严重的溶蚀，部分岩芯呈半圆柱形，岩芯表面还有小溶沟、溶槽的迹象。本次勘察在该层中进行钻进施工时，大部分钻孔漏水严重。同时该层中还发现有溶洞存在，洞内部分充填有流～可塑状态的黏性土，局部夹碎石，本次虽部分钻孔未揭露有溶洞，但钻孔中取出的岩芯较为破碎，且钻进速度相对较快。岩体较破碎，属于坚硬岩，基本质量等级

为Ⅲ级。其厚度仅局部钻穿，层面埋深 1.60～34.10 m，层顶高程－10.39～20.63 m。

2)溶洞[地层代号(18a－2a)]。该层分布于中风化灰岩(18a－2)层中。本次专项勘察揭露灰岩的钻孔共有 13 个，其中发现有溶洞的钻孔共 13 个，见洞率为 100%；揭露溶洞共 25 个，线岩溶率为 50.3%；其中空溶洞 15 个，占总数的 60%；半充填和全充填状态的溶洞共计 10 个，占总数的 40%；充填物为流～可塑状态的黏性土、砾砂等。本次详勘揭露场区内的岩溶发育程度为强发育，钻孔揭露溶洞顶板埋深 13.60～29.80 m，顶板高程－13.80～11.28 m，其厚度为 0.4～20.10 m，平均厚度 10.25 m。

(5)志留系坟头组(S_2f)泥岩(地层主编号 20a)、砂岩(地层主编号 20c)

本次特大溶洞专项勘察区内仅揭示中风化砂岩层[地层代号(20c－2)]。灰黄色、灰褐色、浅灰色，砂质结构，层状构造，节理裂隙发育，岩芯呈块状及短柱状，局部碎块状，锤击声哑，属软岩，岩体压缩波波速值为 2 318 m/s，岩块压缩波波速值为 3 480 m/s，完整性指数为 0.44，岩体较破碎，基本质量等级为Ⅴ级。其厚度 0.60～33.3 m，平均厚度 7.48 m，层面埋深 9.3～36.3 m，层顶高程－9.44～20.14 m。

2. 溶洞发育情况

溶洞是场地区最主要且最重要的溶蚀现象，本次勘察揭示的溶洞发育情况统计见表 3.2－4。

表 3.2－4 溶洞发育情况一览

孔号	洞高(m)	层顶高程(m)	层底高程(m)	层顶深度(m)	层底深度(m)	顶板厚度(m)	充填情况
Y57	6.20	7.77	1.57	19.40	25.60	0	全填充
Y57－1	0.50	8.70	8.20	18.40	18.90	3.30	全填充
Y57－1	5.40	6.20	0.80	20.90	26.30	2.00	全填充
Y58	2.90	9.93	7.03	17.10	20.00	1.10	全填充

续上表

孔号	洞高(m)	层顶高程(m)	层底高程(m)	层顶深度(m)	层底深度(m)	顶板厚度(m)	充填情况
Y58	7.80	6.13	−1.67	20.90	28.70	0.90	全填充
Y58	0.40	−2.77	−3.17	29.80	30.20	1.10	空洞
Y59	1.10	10.31	9.21	16.70	17.80	0.90	全填充
Y59	8.60	5.01	−3.59	22.00	30.60	4.20	全填充
Y60	1.50			16.50	18.00	1.50	空洞
Y60	7.90			22.10	30.00	4.10	空洞
Y28-2	1.30			16.00	17.30	1.30	空洞
Y28-2	14.50			18.10	32.60	0.40	半充填
Y28-3	5.00			16.00	21.00	0.60	空洞
Y28-3	6.10			21.40	27.50	0.40	空洞
Y28-4	4.70			17.20	21.90	0.60	半充填
Y28-4	10.10			22.20	32.30	0.30	空洞
Y28-5	20.10			13.60	33.70	0.60	空洞、半填充
Y28-6	7.50			16.70	24.20	0.90	空洞
Y28-6	7.20			26.00	33.20	1.90	空洞
Y28-7	7.10			18.00	25.10	1.40	空洞
Y28-7	7.40			26.10	33.50	1.00	空洞
Y28-8	10.00			15.00	25.00	1.20	空洞
Y28-8	6.00			26.70	32.70	1.70	空洞
YWS-02	1.30			18.20	19.50	2.70	半充填
YWS-02	3.29			27.40	30.69	7.90	空洞

本次专项勘察揭露灰岩的钻孔共有13个，场地灰岩钻孔遇洞率、线岩溶率统计成果见表3.2-5。

表 3.2-5　钻孔遇洞率、线岩溶率统计表

地层	分布里程桩号	钻孔总数（孔）	遇洞钻孔数（孔）	溶洞数量（个）	钻孔遇洞率	线岩溶率
C_2h	右 57＋641.40～右 57＋659.00	13	13	25	100%	50.3%

注：1. 遇洞率为遇到溶洞的钻孔数占灰岩段内钻孔总数的百分比。
2. 线岩溶率为单位长度上岩溶空间形态的百分比，即钻孔揭露岩溶空间形态（含溶洞）总进尺占灰岩钻孔总进尺的百分比。

钻孔揭示溶洞全充填的有 6 个，占溶洞总数的 24%；半充填的有 4 个，占溶洞总数的 16%；无充填的有 15 个，占溶洞总数的 60%。石炭系黄龙组（C_2h）灰岩均以无充填为主，全充填次之，少量半充填；一般浅部溶洞多为无充填，全充填或半充填的溶洞相对较少，埋深较大的溶洞多为全充填。

钻孔揭示溶洞充填物多为棕红、棕黄色黏性土或黏性土夹碎石，见表 3.2-6。充填物状态不一，多呈软-流塑状，少部分溶洞充填角砾状土或碎石土。根据钻探情况，部分溶洞充填物钻探时钻具自沉或人工加压可以压下，其承载力极低。研究表明，石炭系黄龙组（C_2h）灰岩中的溶洞均位于地下水位以下，未充填的溶洞富水性较强，半充填溶洞富水性较差，全充填的溶洞富水性最差；地下水位以下的溶洞基本处于饱水状态，溶洞空腔富水性很强。隧道开挖时应重点注意可能揭露富水含泥溶洞的突水涌泥问题。

表 3.2-6　钻孔揭示溶洞充填情况统计表

地层	溶洞	全充填溶洞		半充填溶洞		无充填溶洞	
	总数	个数	所占百分比	个数	所占百分比	个数	所占百分比
C_2h	25	6	24%	4	16%	15	60%

钻孔揭露的 25 个溶洞洞高小于 0.5 倍隧道洞径（隧道洞径为 6 m）的有 7 个，占总数的 28%；洞高在 0.5 倍洞径与 1 倍洞径之间

的有 4 个，占总数的 16%；洞高大于1 倍洞径的有 14 个，占总数的 56%；洞高大于等于 10 m 的特大溶洞有 4 个，占总数的 16%；其中有一特大溶洞，垂直高度达 20.1 m。根据补充钻孔资料推测溶洞发育情况为东西走向 19.46 m，南北走向 38.06 m。

从上述分析表明钻探揭露可溶岩中岩溶形态以溶洞为主，多、大、分布广且连通性强。场地区内揭露的溶洞高度绝大多数大于 1 倍隧道洞径；工程设计与施工中，应对溶洞洞径大于 3 m 和距底板较近的溶洞进行重点处理。对高度大于 5 m 的溶洞应设置专项处理方案。钻孔揭露的溶洞垂直高度统计分析成果见表 3.2-7。

表 3.2-7　钻孔揭露溶洞垂直高度情况统计表

溶洞高度		≤1 m（0.17 倍洞径）	1～3 m（0.17～0.5 倍洞径）	3～6 m（0.5～1 倍洞径）	6～10 m	>10 m	溶洞总数
灰岩 C_2h	个数	2	5	4	11	3	25
	所占百分比	8%	20%	16%	44%	12%	100%

注：表中“洞径”指隧道洞径，隧道洞径为 6 m。

通过对溶洞数据统计分析和研究，场地内溶洞多分布在隧道底板以下 10 m 范围内。溶洞洞高、埋深、发育程度与地铁隧道结构底板或车站基坑底板之间关系如下：位于地铁基坑开挖范围内的溶洞有 9 个，占 36%，溶洞高度 1.3～20.1 m；位于地铁隧道底板高程以下 3 m（0.5 倍隧道洞径）范围内分布的溶洞有 12 个，占 48%，溶洞高度 0.40～20.1 m；位于地铁隧道底板高程以下 3 m（0.5 倍隧道洞径）至 6 m（1 倍隧道洞径）范围内分布的溶洞有 16 个，占 64%，溶洞高度 0.30～14.5 m；位于地铁隧道底板高程以下 6～10 m 范围内分布的溶洞有 15 个，占 60%，溶洞高度 1.3～10.0 m。位于地铁隧道底板高程以下 10 m 范围以下分布的溶洞有 9 个，占 36%，溶洞高度 0.40～20.1 m。

3.3 水文特征分析

3.3.1 地下水类型

场地地下水按赋存条件，可分为上层滞水、第四系孔隙水、碎屑岩基岩裂隙水和岩溶承压水四种类型。

①上层滞水。上层滞水主要赋存于人工填土层中，接受大气降水及周边园林、居民生活用水垂直下渗补给，无统一自由水面，水位及水量随大气降水及生活排水量的大小而波动，勘察期间测得场地上层滞水，稳定水位在地面下 0.40～5.30 m。

②第四系孔隙潜水。主要赋存于各类成因的微～弱含水性黏性土中，主要接受大气降水补给，通过蒸发、下渗、侧向径流进行排泄，部分地层还构成区域上的隔水层。

③碎屑岩基岩裂隙水。主要赋存于白垩系东湖群组（K－E）泥质砂岩、泥盆系五通组（D_3w）砂岩等岩体裂隙中，补给方式主要由上覆含水层下渗补给；砂岩等硬质岩呈脆性，多具张性裂隙而含少量裂隙水，而泥质砂岩等软岩节理、裂隙多被泥质充填而水量极贫乏。

④岩溶承压水。主要赋存于本场区里程右 CK57＋644～右CK57＋879 段石炭系黄龙组灰岩浅部发育的溶洞和溶（裂）隙中，因岩溶发育受诸多因素控制，岩溶裂隙水补、径、排条件很复杂；勘探钻孔在灰岩中钻进施工揭露溶洞时，孔口有岩溶水冒出。用三角堰测得其流量 $Q \geqslant 220\ m^3/d$，承压水头高程为 23.32 m。

3.3.2 地下水位观测

为了研究勘察区范围内的岩溶水，对每个钻孔水位进行了长期观测，观测时间段内，区间灰岩岩溶裂隙水水位高程在21.67～25.96 m之间，水位变化幅度－1.90～＋3.60 m，主要受降水影响波动。

3.3.3　抽水试验

为详细查明勘察区场地在不同构造部分及不同时代地层岩性地下水涌水量及渗透系数等水文参数，在本次勘探期间进行了5个孔的抽水试验。另外在寻找岩溶水的水源与富水通道过程中，选择了5个水文钻孔进行了抽水试验。

抽水试验采用深井潜水泵进行，在正式抽水试验前进行洗孔，每孔试验采用1～2次降深，1次降深一般延续5～6 h，水位达到基本稳定或涌水量基本稳定时结束试验；多孔抽水试验采用1～2次降深，1次降深一般延续6～8 h。抽水试验成果见表3.3。

表3.3　抽水试验成果

孔号	地层	降深 H(m)	单位涌水量 Q (m^3/d)	渗透系数 K(m/d)
EJQJZ-Ⅳ15-YWS14-1	灰岩 (C_2h)	8.76	3.370	0.037
EJQJZ-Ⅳ15-YWS17		4.42	28.08	0.247
EJQJZ-Ⅳ15-YWS18		0.77	107.4	5.35
EJQJZ-Ⅳ15-YWS19		0.32～0.50	12.09～28.08	1.288
EJQJZ-Ⅳ15-YWS44		0.32～0.50	220.0～300.0	13.00
EJQJZ-Ⅳ15-YWS水3		0.29～1.15	28.20～86.40	2.638
EJQJZ-Ⅳ15-YWS水4		1.46	107.4	4.90
EJQJZ-Ⅳ15-YWS水5		16.10	6.91	0.000 030 9
EJQJZ-Ⅳ15-YWS水6		3.15	68.6	2.14
EJQJZ-Ⅳ15-YWS水7		14.34	6.91	0.000 068

根据抽水试验成果及地区经验综合分析，场地内灰岩透水性与岩性、所处的部位及岩溶、裂隙发育程度有很大的关联(本段岩溶以表层岩溶为主，岩溶垂直发育，即岩溶形态以溶隙、溶洞为主。岩溶水主要分布于岩面以下1～16 m的垂直岩溶发育带)。富水性受表

层岩溶垂直发育带控制，岩溶发育不均，含水性不一，其透水性中等～强。整体而言，小里程段岩溶以溶洞为主，多为泥质充填，岩溶水相对较少，透水性弱。大里程的富水带岩溶以裂隙为主，无充填或砂质充填，水量大且清澈。因此，在地下水处理施工时，应根据地下水处理方案，结合场地水文地质条件进行验证性试验，以选定适合的降水设计参数。

3.3.4　地下水分布

未来三路站正处于一条西北-东南向岩溶含水条带上。含水地层主要为 C_2+P_1 的灰岩，受两侧碎屑岩地层阻挡，含水条带从西北-东南向延伸长达 8 km，宽度变化 80～300 m，详见水文地质图 3.3-1。

区域内砂岩等碎屑岩地层受基岩裂隙控制，基岩裂隙水量整体较小，而覆盖的第四系黏性土层为不含水层，仅有少量的孔隙水，处于承压水的隔水顶板。地下水主要赋存于 C_2h+P_1 灰岩发育的溶洞和溶(裂)隙中，具有明显的承压性与不均一性。

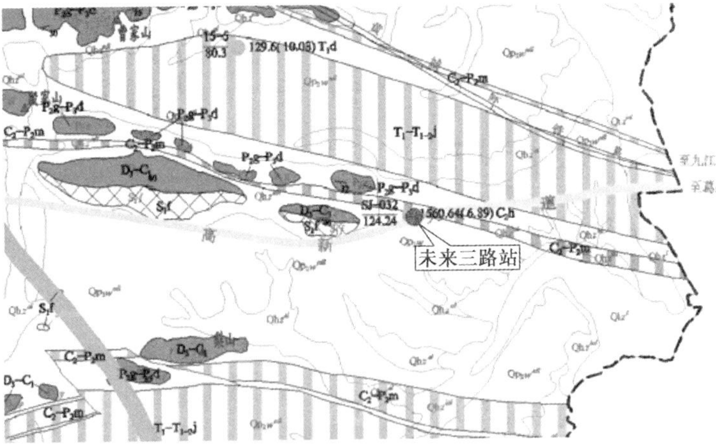

图 3.3-1　区域水文地质图

对区域水样进行水质分析，石炭系黄龙组的地下水 pH 值为 7.15～7.22，总硬度为 283.25～317.28 mg/L，属弱碱性硬水。

另根据《岩土工程勘察规范》(GB 50021—2001)，本工程场地环境类型为Ⅱ类，地下水对混凝土结构具微腐蚀性，对钢筋混凝土结构中钢筋无论是在长期浸水情况下还是在干湿交替的条件下均具微腐蚀性。

对勘探钻孔水位进行了长期观测，观测时间段内，区间灰岩岩溶裂隙水水位高程在 21.67～25.96 m 之间，水位变化幅度－1.90～＋3.60 m，主要受降水影响波动。场地内灰岩透水性与岩性、所处的部位及岩溶、裂隙发育程度有很大的关联。富水性受表层岩溶垂直发育带控制，岩溶发育不均，含水性不一，其透水性中等～强。整体而言，小里程段岩溶以溶洞为主，多为泥质充填，岩溶水相对较少，透水性弱。大里程的富水带岩溶以裂隙为主，无充填或砂质充填，水量大且清澈。

因未来三路站的基坑底板大部分位于岩溶承压水含水层中，岩溶水对本工程影响较大。为查清场地岩溶水的特征，分别布置了 4 条物探试验测试和多个水文钻孔，查明了场地岩溶水通道。根据现场实地调查及分析，场地岩溶水所处的富水条带起源于地势较高的九龙水库，以岩溶发育的石炭系黄龙组的灰岩为通道，连通到拟建未来三路站 1 号风亭，形成了承压性较强的承压水，岩溶富水条上地表水分布如图 3.3-2 所示。

未来三路站西侧在高新大道未修建之前原为鱼塘和水塘，且在现 1 号风亭的位置出露有大大小小的泉眼，场区附近的村庄也因此而取名为“泉井村”。曾在 1970 年，湖北省水文地质队在拟建 1 号风亭位置的附近进行水文地质调查，并在水文地质钻孔施工时有岩溶水冒出，目前已被埋置在高新大道的路基下部。

20 世纪 70 年代湖北省水文地质队施工的水文地质钻孔中冒出的岩溶水在修建高新大道时用铸铁管引入到场区拟建 1 号风亭东侧的泵房中蓄积，用水泵抽至场区外 2 km 附近的亿德山庄酒店，作为

图 3.3-2　未来三路站西北方向沿岩溶富水条上地表水分布

酒店的生态、生活和洗浴用水。在泵房的附近有多个详勘钻孔，钻孔中不断有岩溶水冒出，施工单位现将其中一钻孔扩孔利用，作为生活及施工用水。

根据勘察钻及水文钻孔的情况，推断岩溶水通道主要起源于场地西北方向的九龙水库，条带西北部裸露灰岩接受大气降水和地表水补给，沿岩层裂隙、溶隙渗入岩溶发育带，并接受九龙水库及沿途水塘、河流等渗漏补给。

为进一步确定未来三路站岩溶水的补给来源，在九龙水库与未来三路站的泉水分别取样试验，经对比，二者的成分差别较小，说明所谓的活灵泉为深部岩浆岩地下水，富含硫磺的说法不成立。

岩溶水的调查结论如下：

(1)根据岩溶专项勘察钻及水文钻孔的情况，初步推测岩溶水通道主要来源于拟建场地西北方向的九龙水库，条带西北部裸露灰岩接受大气降水和地表水补给，沿岩层裂隙、溶隙渗入岩溶发育带，并接受九龙水库及沿途水塘、河流等渗漏补给。

(2)总的来说向斜核部灰岩(T_1d)岩溶水受泥质砂岩包围，地下水沿向斜轴部向东南排泄，详见图 3.3-3；翼部灰岩(P_1m+q)岩溶水受泥质砂岩与砂岩阻隔，顺岩层走向，向东南排泄。未来三路站泉水：泉水来自 P_1m+q 岩溶水，受第四系黏土层覆盖，具承压性质。场地富水带范围呈南北走向。

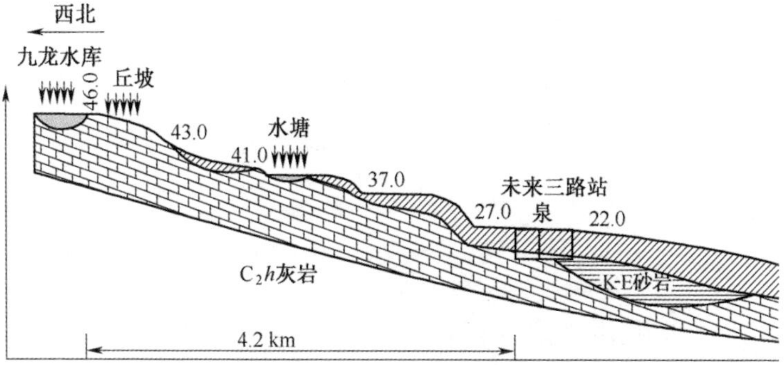

图 3.3－3　岩溶水补给通道剖面示意图

(3)灰岩(C_2h+P_1)岩溶水受两侧砂岩地层阻隔，顺岩层走向，主要沿岩土分界面以下发育的岩溶裂隙及溶洞向东南排泄。地下水受灰岩顶板及第四系黏土层覆盖，具承压性质，在未来三路车站大里程受溶蚀凹地沉积的 K－E 砂岩阻隔，水位略抬升，流速加快，一少部分沿地层分界构造上升至地面形成泉，大部分从砂岩底部的岩溶发育带向东南向排泄，如图 3.3－4 所示。

(4)车站岩溶承压水的平面流向。地下水的平面流向：地下水整体沿灰岩条带自西北向东南方向流动，在大里程岩溶凹地遇上盖的砂岩阻挡后从砂岩底部穿过后向东南排泄。

在 YWS10 附近进行试桩时大量泥浆漏失，但泉水仍清，在其西北方向钻孔则出现泉水浑浊的情况。同时水位观测资料也支撑了地下水大致流向的判断。

(5)车站岩溶承压水富水条带的分布。场地内灰岩透水性与岩性、所处的部位及岩溶、裂隙发育程度有很大的关联。岩溶发育不均，含水性不一，其透水性中等～强。整体而言，小里程段岩溶以溶洞为主，多为泥质充填，岩溶水相对较少，透水性弱。大里程的富水

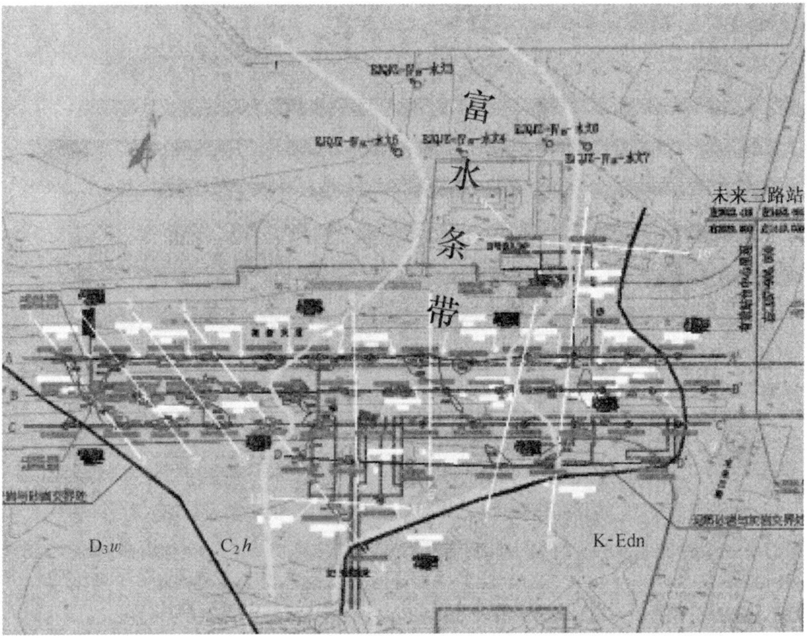

图 3.3－4　富水条带分布范围

带岩溶以裂隙为主，无充填或砂质充填，水量大且清澈。岩溶承压水含水带呈西北-东南向分布，车站岩溶破碎富水带沿岩层分界线南北展布。

3.4　高承压强富水带车站施工难度分析

通过一系列地质勘查和水文试验发现，未来三路站内水文地质条件极为复杂，岩溶强发育，地下水赋存与岩溶相关性强，水量丰富，且承压水头高。强发育岩溶及高承压强富水特征对地铁工程中存在的问题主要有岩溶地面塌陷、地基稳定及突水涌泥，涉及站点基坑开挖、支护及坑内施工各阶段，需要研究制定针对性措施进行处理和预防。

3.4.1　地面塌陷问题

岩溶地面塌陷是指覆盖在岩溶洞穴之上的松散土体，在外动力或人为因素作用下产生的突发性地面变形破坏，其结果多形成锥形或长条形塌陷坑。岩溶地面塌陷与场地水文地质条件、地质结构类型、岩溶发育程度等有关。

根据岩溶专项勘察钻孔揭露及CT物探显示，老黏性土覆盖的碳酸盐岩地区基本不会产生岩溶地面塌陷。

根据沿线场地地质结构、岩性特征、岩溶发育程度和地下水赋存运移特征等因素，综合分析岩溶埋藏条件和历史地面塌陷险情等，沿线场地发生岩溶地面塌陷的可能性低。

但场区内灰岩的上部大部分地段分布有淤泥质黏土和软～流塑状态的粉质黏土层，在该范围内施工时，可能因基坑降水处理不当，或大幅度降低地下水位，形成大范围的降落漏斗，致使浮托力减少、软土层中有效应力增加、土层固结，最终导致局部地段的地面塌陷、沉降变形。因此，要求在基坑开挖时不得采用大降水措施，在局部抽排水时也应观测地下水压力，钻设补水孔及时进行地下水补给。

3.4.2　岩溶地基稳定问题

场地内钻孔共揭露溶洞128个，物探异常136处。对已揭露及探测到位于隧道底板以下的溶洞及物探异常点，尤其是位于隧道底板以下1倍洞径范围内的较大溶洞及物探异常点，地铁施工或运营中可能产生岩溶地基塌陷问题，需采取工程处理措施。

场区分布有大量的第四系中上更新统老黏性土及残积土，具压缩性低、承载力高，多裂隙，且有遇水软化，失水干裂性等特性，地下水引发老黏性土、残积土软化及胀缩变形造成地基失稳。基坑和隧道施工时应注意做好止水、排水措施，防止因过量变形引起支护失效。

3.4.3 突水涌泥问题

未来三路站车站与隧道底板大部分位于岩溶承压水水位之下，地铁施工中，在突遇岩性变化或突遇溶洞、溶隙或断层破碎带时，或开挖至底板剩余土层较薄时，岩溶地下水可能涌入或击穿坑底，产生突水、涌泥问题，对施工安全产生不利影响。矿山法施工时建议在隧道与车站施工中采取降水、封堵或导流等措施，防止事故发生；盾构法施工时，岩溶承压水可能会影响盾构施工开挖面的压力平衡，进而影响盾构机的正常掘进。

第4章　高承压强富水带岩溶处理方案设计

4.1　设计思路与要求

4.1.1　设计思路

设计的目的：减小围护结构成槽塌孔的风险；降低施工期间突水事件发生的机率；减小立柱桩基底承载力不足引起立柱塌陷的风险；满足永久结构的承载力、变形要求。

根据站点地质条件及水文地质特征，经过多轮专家论证分析，确定岩溶区地铁车站溶洞处理技术的总体原则：外截内排，分区实施。外截：在基坑外侧设置注浆截水帷幕，并在帷幕外侧设置减压泄水井。内排：外侧截水帷幕将使坑内岩溶水补给大大减少，坑内降排水确保基坑在无水条件下施工。分区实施：考虑到强弱富水带分布及未来一路站—未来三路站区间盾构接收，基坑开挖采取分段进行，先施工西侧弱富水条带，确保盾构机能按期接收。

岩溶处理顺序按照先注浆帷幕，再围护桩施工，最后基坑范围岩溶处理。

溶洞充填处理应尽量减小对岩溶水渗流路径的影响。确定结构底板以下 3 m，水平主体围护桩外 3 m 范围作为显著影响区，显著影响区范围以外作为一般影响区。对显著影响区内的溶洞应进行充填，若存在大型溶洞超出此范围，应进行探边并充填。

相邻区间按常规经验处理，处理范围为水平轮廓外 3 m，土岩结合面以上 2 m 至隧道底板以下 6 m。物探异常区应进行钻孔验证，若发现存在溶洞则按上述原则处理。车站岩溶处理总体平面示意如图 4.1－1 所示，岩溶处理总体剖面示意如图 4.1－2 所示。

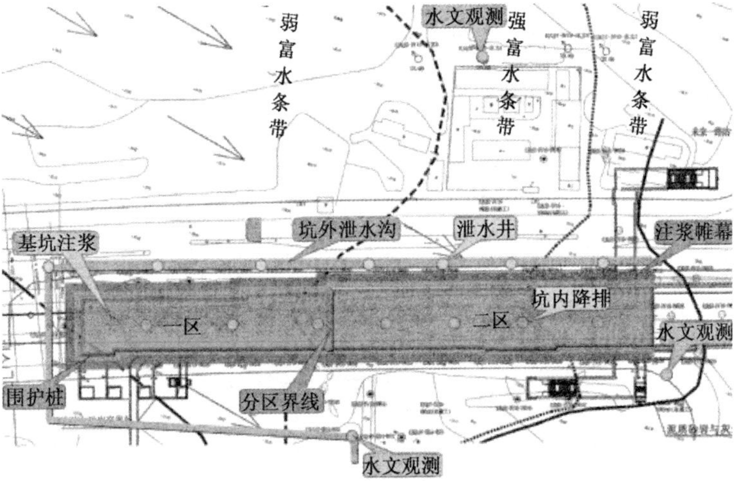

图 4.1-1　车站岩溶处理总体平面示意图

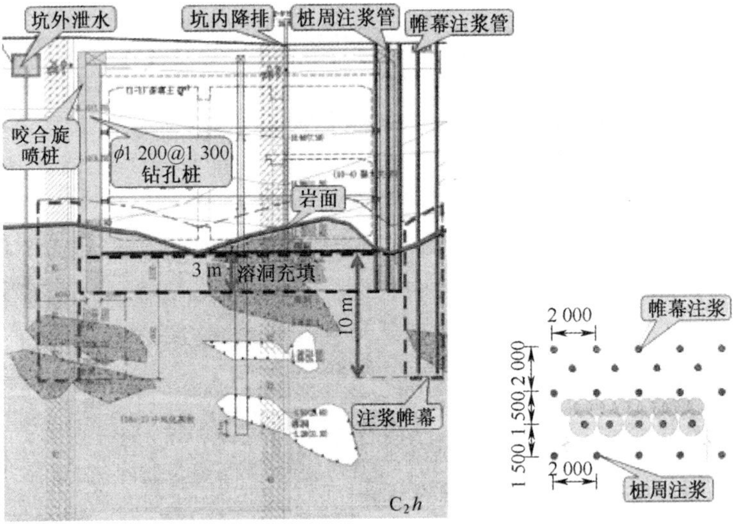

图 4.1-2　车站岩溶处理总体剖面示意图(单位:mm)

4.1.2　设计要求

设计要求如下：

(1)若钻孔底遇到溶洞，孔深应加深至溶洞下 1 m。

(2)场地下伏基岩为岩溶强发育的石灰岩，施工前应落实既有大量钻孔的封闭情况，防止产生次生灾害。

(3)围护桩施工应根据岩溶专项报告选择岩溶较发育地段进行注浆及成孔试验，并以此为经验指导后期注浆及围护桩施工。

(4)本站岩溶水来源条带西北部裸露灰岩接受大气降水和地表水补给，并接受九龙水库及沿途水塘、河流等渗漏补给。本站承压水头高程为 23.9～26.5 m，随降水量变化，雨季承压水头明显升高。因此本段基坑开挖应避开雨季施工。

(5)为了保证注浆帷幕、基底处理的耐久性及强度，岩溶充填注浆材料原则以水泥浆为主，可结合岩溶水情况配合使用双液浆、化学浆。

(6)基坑开挖时，应准备一定数量的钢支撑，根据施工监测的情况，必要时增设钢支撑，以更好地控制围护桩的变形。

(7)基坑施工时失水会导致周边地层沉降，从而使周边房屋基础产生负摩阻力，引起房屋基础及整体的沉降，严重时会使房屋产生裂缝，影响房屋的正常使用，因此基坑止水至关重要。现场应备好堵漏的设备和材料，如水泥-水玻璃等，还应准备回填反压材料，必要时对基坑及时回填，同时应加强对周围房屋的监测，如沉降超过设计允许限值，对房屋基础应采取跟踪注浆加固措施，确保房屋基础的安全。

(8)车站基坑雨季施工时，应准备一定量的抽排水设备，以便大雨时及雨后及时抽排基坑积水，避免基坑被雨水浸泡。

(9)车站基坑施工时，应准备一定量水泥-水玻璃浆液，以备桩间渗漏水，及时注浆封堵；同时应准备一定量基坑回填料，以备基底出现管涌和隆起时，进行回填堆堵。

(10)若超前钻孔资料显示，注浆帷幕底部 10 m 或基坑范围(含围护桩)基底下 3 m 位置仍处于溶洞中,应按照灌浆要求对该溶洞进行充填处理。

(11)围护桩及立柱桩施工前,应严格按照灌浆检测要求对溶洞充填效果进行检验,根据检测结果及时补充注浆。

(12)施工注浆处理期间加强对车站南北侧地下水水质监测,当水质有变化时,暂停施工同时通知建设各方分析原因并制定相应措施。

4.2 岩溶处理方案

4.2.1 桩外注浆帷幕

桩外截水帷幕通过岩溶注浆形成,采用注浆孔间距 2 m×2 m,梅花形布置。根据岩溶钻孔勘察和 CT 测试结果,场地灰岩中溶洞、溶隙处于武汉浅部岩溶发育带内,岩溶分布主要集中于土岩结合面至站点基底以下约 8 m 范围,8 m 以下仍有岩溶发育,但尺度较小,承压富水,同时结合 6 号线岩溶处理经验,将处理深度控制在岩面以上 2 m 至基底以下 10 m,既有效阻断基坑进水通道,又不完全截断地下水,保护泉水通道。灌浆采用自下而上分段进行,钻孔一次性成孔到设计深度,提钻清孔,下入注浆导管至孔底或溶洞底板下部 1.0 m处,采用水泥砂浆封闭孔口,封闭深度进入原生黏土层 0.5 m 以上,待水泥砂浆凝固后,接通注浆管至注浆机,在 0.3～0.5 MPa 压力下自下而上进行注浆。为了保证注浆帷幕效果及侧壁稳定性,帷幕注浆原则将(6－3)粉质黏土层(软-流塑)、(10－4)黏土夹碎石层(中等透水层)一并注浆加固处理。

灌浆同时应结合岩溶专项勘察报告内溶洞的大小、填充情况进行有针对性的注浆。

(1)对于溶洞高度≤1 m 的无充填、半充填及充填物强度较低的全充填溶洞,直接采用纯水泥浆或双液浆进行静压式灌浆。

(2)对于溶洞高度 1～3 m 的无充填和半充填溶洞,采用间歇式静压灌浆。第一次采用水泥砂浆，第二次可采用水泥砂浆或浓浆，灌浆时间控制在20 min，间歇6 h再灌下一次，直至终孔。必要时可采用双液浆和化学灌浆。

(3)对于溶洞高度3～6 m的无充填和半充填溶洞，可考虑先投碎石(粒径5～10 mm)或砂，后注浆的加固方法。投碎石处理时在原钻孔附近(约0.6 m)补钻4个投石孔(可根据现场情况调整投石孔数量)，投石孔可相互作为出气孔。投石后，采用全充填注浆加固的处理方法。投石管建议采用钢套管，投石孔大小也可由施工单位根据现场情况调整，达到充填目的即可。

(4)对于溶洞高度大于6 m的特大型无充填溶洞，需上报监理工程师、设计单位，确定具体处理方案。

(5)对于物探(CT)异常区进行钻孔验证，若发现存在溶洞则根据位置及大小采取相应的处理方法，若没有则采用压力注浆的方法对钻孔进行填充加固和封孔。

(6)溶洞充填顺序为先四周后中间。

(7)本站岩溶强发育，富水且连通性好，单纯注水泥浆极可能发生跑浆或被流水稀释冲走，因此可根据实际情况先采用双液浆或化学浆堵孔，再用水泥浆充填。

4.2.2　围护桩岩溶处理

主体围护桩(灌注桩)应逐桩进行超前钻孔，对超前钻揭露的溶洞及土岩结合面进行灌浆处理。灌注桩规格为ϕ1 200@1 300 mm，桩长按照嵌固3 m考虑，并保证进入完整基岩不小于1 m。另在围护桩内外侧各1.5 m位置打设两排桩周注浆孔，间距2 m，对土岩结合面至基底以下3 m岩溶进行处理。灌浆处理方法参照注浆帷幕的施工方法进行。

本站场地原为池塘低洼地，后修建高新大道回填，上覆较厚的填土层(1－1)杂填土、(1－2)素填土、淤泥质黏土层(1－3)、软～流塑粉质黏土层(6－3)，另岩面以上黏土夹碎石层(10－4)属中等透水层，为保证围护桩止水效果，对以上软土层采用 ϕ800@550 旋喷桩加固处理，桩长地面以下 1 m 至岩面以下 1 m，采用二重管注浆。

4.2.3 基坑内部注浆处理

基坑范围内采用超前地质钻孔(兼注浆孔)探明岩面至基底以下 3 m 范围岩溶发育情况，结合详勘和专项勘察地质资料，发现溶洞应探边并充填处理。根据该区域富水情况的不同，弱富水带按照 3 m×3 m 交错布置注浆孔，强富水带按照 3 m×3 m 梅花形布置注浆孔。为保障基坑底板防水效果，同时兼顾方案的经济性，将处理深度按照土岩结合面至基底以下 3 m，灌浆处理方法可参照注浆帷幕的施工方法进行。

基坑开挖至基底，采用地质雷达检测基底以下 3 m 范围注浆效果，应对不密实区进行补浆，如发现溶洞应及时充填处理并进一步检测处理效果。

基坑开挖先实施一区弱富水带，为了验证强富水带注浆帷幕效果，将分区隔断设置在强富水带一侧，进入强富水带边线约 15 m 位置。隔断形式岩面以下采用 3 排注浆管，间距2 m，梅花形布置，具体参照帷幕注浆；岩面以上采用 3 排 ϕ800@550 咬合旋喷桩处理。一区基坑由西向东分段放坡开挖，坡顶开挖至分区隔断位置应停止开挖，待一区主体结构完成后再继续开挖二区基坑。

基坑内临时立柱桩(灌注桩)应逐桩进行超前钻孔，深度至基底以下 4 m，并保证进入完整基岩不小于 1 m，且桩底 2 m 范围内不存在溶洞。对超前钻揭露的溶洞进行灌浆处理。灌浆处理方法可参照注浆帷幕的施工方法进行。对于小型溶洞、溶隙，在满足施工要求的前提下，也可以通过适当调整桩位避开溶洞范围，保证桩体受力安全。

由于基坑外侧注浆帷幕的截水作用，导致车站外侧岩溶水量局部加大，在基坑北侧来水方向提前打设减压泄水井以减少施工期间的岩溶水补给量；基坑范围内岩溶水采取抽排处理。

4.3　溶洞处理要点

4.3.1　车站岩溶处理要点

(1)利用北侧水文钻孔4、东侧砂岩及车站南侧冒水钻孔进行水量、水压监测,检验帷幕、围护及基底注浆前后对岩溶过水通道的影响。

(2)在基坑北侧打设泄水井,减小补给水头,降低截水帷幕施工难度。

(3)进行截水帷幕施工,在围护桩外侧打设三排注浆管,间距2 m,梅花形布置,帷幕宽度3 m,深度岩面以上2 m至底板以下10 m,如遇溶洞需充填完全。

(4)围护桩施工。成孔前在围护桩内侧及桩位注浆充填溶洞以保证成桩;岩面以上淤泥、粉质黏土层采用咬合旋喷桩加固处理。

(5)基坑范围岩面注浆、岩面至基底以下3 m范围进行溶洞充填处理。

(6)区分段基坑开挖。先开挖一区弱富水带,再开挖二区强富水带,纵向分层放坡;坑内岩溶水抽排处理。

(7)基坑开挖到底后对基底采用地质雷达扫描,对基底以下3 m范围的溶洞处理进行核实,若发现有未处理溶洞则必须进行充填处理。

具体施工顺序可根据现场实际情况进行调整,但必须征得设计方同意。

4.3.2　溶洞处理质量检查

(1)检测方法

对溶洞处理采用钻孔取芯为主、压水试验为辅的综合方法进行灌浆质量检查。

(2)检测标准

对洞径大于 2 m 的溶洞必须进行质量检查,其余按溶洞处理总数的 10%进行溶洞灌浆质量检查,每个需质量检查的溶洞加固区根据溶洞发育规模,由监理工程师布置 1~3 个质量检查孔。

钻孔取芯后做抗压试验,注浆固结体 28 d 的无侧限抗压强度不小于 0.2 MPa。

溶洞加固处理后质量检查孔压水试验透水率应不大于 10 Lu,合格率应达 85%以上,其余不合格孔段的透水率最大值应不超过 15 Lu,且不集中。

不满足上述检查标准时,应对受检查的溶洞加固区进行灌浆补强施工,监理工程师可根据现场实际情况适量增加质量检查孔。质量检查孔的压水检查工作应在单元工程灌浆结束 7 d 后进行。质量检查孔压水结束后应按本技术要求进行压力灌浆封堵。

第5章 高承压强富水带岩溶处理试验

5.1 高承压强富水带岩溶注浆材料试验

常规岩溶注浆一般采用普通水泥浆，由于水泥浆的抗水冲刷作用不强，且凝固速度较慢，动水条件下很难现场稳定凝固，溶洞处理效果不佳，故在动水条件下选择凝固速度快的水泥-水玻璃双液浆进行岩溶注浆。试验的目的：确定各种浆液的配比，选择凝固速度快、经济可靠的浆液，试验验证各种浆液的适用性，最优化岩溶注浆浆液适用方案；模拟站点区岩溶水文地质条件下浆液稳定性能，确定施工时的相关质量控制的技术要求。本试验对常规速凝型岩溶注浆浆材进行了初步凝固试验，分别为速凝型膏状稳定浆液和水泥-水玻璃双液浆材，并用这两种浆液进行岩溶注浆模拟试验。

5.1.1 浆液配比试验

1. 浆液评价标准

岩溶处理浆液分为水泥浆、速凝型膏状稳定浆液、水泥-水玻璃双液浆和化学浆。浆液应满足现场施工中的操作性能和浆液快速凝固堵水性能要求，其次凝固试件的后期强度和稳定性越高越好。

2. 水泥浆

水泥浆是由普通水泥与水经高速搅拌分散形成的颗粒状悬浮液，该浆液具有以下特点：

(1)以水泥作为注浆材料，来源丰富，价格便宜。

(2)浆液结石体强度高，抗压强度可达5～10 MPa，对于基岩裂隙中堵水和加固是完全能满足要求的，后期强度不易下降。

(3)抗渗性能好。

(4)采用单液方式注入，工艺设备简单，操作方便，较之双液浆有更大的优越性。

(5)浆液无毒性,对地下水和环境无污染,较之使用化学药剂为添加剂的浆液更安全。

(6)凝结时间可根据实际需要调节,其变化范围为几分钟至几小时。

(7)由于水泥是颗粒状材料,可注性差,难以注入 0.2 mm 以下的岩溶裂隙。

(8)水泥浆液初凝、终凝时间长,受灌范围不能准确控制,容易流失,结石率低。

3. 水泥-水玻璃双浆液

水泥-水玻璃双浆液是以水泥和水玻璃为主剂,两者按一定的比例采用双液方式注入,必要时加入缓凝剂(磷酸氢二钠)所形成的注浆材料,是一种用途及其广泛,使用效果良好的注浆材料。水泥-水玻璃双浆液具有以下特点:

(1)材料来源丰富,价格便宜。

(2)浆液可控性好,凝胶时间可准确控制在几秒至几十分钟范围内。

(3)浆液结石体抗压强度高,可达 10～20 MPa,但后期强度由于水玻璃的作用易降低。

(4)浆液结石率高,可达 100%。

(5)结石体渗透系数小,为 10^{-3} cm/s,抗渗性能好。

(6)对地下水和环境无污染。

(7)该浆液适宜 0.2 mm 以上裂隙及 1 mm 以上粒径的砂层使用。

(8)施工工艺较单液复杂。

(9)施工时,需根据现场条件对浆液凝胶时间、强度等的要求,对不同浆液配合比进行分组试验,以取得合适的浆液。

岩溶灌注速凝膏状稳定浆液配比及固化试验记录见表 5.1-1。根据试验结果,得到表中第 5 种配比的浆液凝结成膏状的时间更短,更适合现场使用。因此，选取第5种配合比浆液材料进行实际模拟试验。

表5.1-1　速凝膏状稳定浆液凝固试验结果

配比序号	水玻璃(kg)	水泥(kg)	膨润土(kg)	水(kg)	检测结果	浆液密度(g/mL)	室温
1	2	100	80	200	660 s未凝固	—	25 ℃
2	9	100	80	200	94 s表面凝固膏状无强度，660 s整体凝固膏状无强度	—	25 ℃
3	15	100	80	200	40 s初凝表面，膏状无强度，153 s整体凝固，膏状无强度，少量被水冲走	1.38	25 ℃
4	30	100	80	200	30 s表面初凝，膏状无强度，100 s整体凝固，膏状无强度，少量被水冲走	1.36	25 ℃
5	30	100	20	200	20 s初凝，膏状无强度，90 s整体凝固，膏状无强度，少量被水冲走	1.25	25 ℃

水泥浆液与水玻璃浆液混合的双液浆具有凝结快，后期强度好，性能稳定等优点，而且在地铁及其他工程岩溶注浆中已有丰富的使用经验，操作工艺简单，技术成熟，抗水流稀释和冲刷能力强，可以充分填充裂隙和挤密松软充填物，止水和加固效果好。现场对水泥-水玻璃双液浆进行凝固试验，考察不同配比的凝固时间，试验情况见表5.1-2。

表5.1-2　岩溶注浆水泥-水玻璃双液浆配比试验成果

<table>
<tr><th>序号</th><th colspan="2">浆液种类</th><th>固化情况</th><th>备注</th></tr>
<tr><td>1</td><td rowspan="3">水泥浆
$m_{水}$：$m_{水泥}$=1：1</td><td>水玻璃稀释液
$V_{水}$：$V_{水玻璃}$=1：1</td><td>$V_{水泥浆}$：$V_{水玻璃稀释液}$=1：1
25 s凝结表面无水</td><td>$\rho_{(1:1水泥浆)}$=1.49 g/mL
$\rho_{水玻璃稀释液}$=1.17 g/mL</td></tr>
<tr><td>2</td><td>水玻璃稀释液
$V_{水}$：$V_{水玻璃}$=2：1</td><td>$V_{水泥浆}$：$V_{水玻璃稀释液}$=1：1
13 s凝结表面无水</td><td>$\rho_{水玻璃稀释液}$=1.11 g/mL</td></tr>
<tr><td>3</td><td>水玻璃稀释液
$V_{水}$：$V_{水玻璃}$=3：1</td><td>$V_{水泥浆}$：$V_{水玻璃稀释液}$=2：1
21 s表面凝固，膏状无强度；
90 s整体凝固，膏状无强度</td><td></td></tr>
</table>

注：水玻璃原料的密度为1.32 g/mL，波美度50°Be′；水泥：P·O 42.5。

根据试验结果，水玻璃稀释液 $V_{水}:V_{水玻璃}=2:1$ 配比的凝结时间短，因此现场实际模拟试验选择配比为 $V_{水}:V_{水玻璃}=2:1$ 的水玻璃稀释液，与水胶比为 1∶1 的水泥浆按体积比 1∶1 混合使用。

本次试验选用低浓度水溶性硅酸钠溶液（$V_{水}:V_{水玻璃}=2:1$），其密度为 1.11 g/mL，袋装 P·O42.5 水泥，袋装钙基膨润土，自来水。

5.1.2 注浆模拟试验

1. 试验仪器

岩溶灌浆模拟试验中使用的主要仪器见表 5.1-3。自制一个岩溶注浆试验装置，可以模拟流动水作用下浆液在水下固化、沉积、扩散及被水冲刷等现象，可以表征浆液的适用性。

表 5.1-3 浆液模拟灌浆试验的主要仪器

序号	试验仪器	数量
1	1 000 mL 烧杯	1
2	500 mL 量筒	1
3	1 000 g 电子秤	1
4	橡胶滴管	3
5	塑料瓶	7
6	搅拌桶	2
7	自制模拟地下岩溶灌浆装置	1

2. 模拟注浆试验

(1)每种材料现场随机选取并按表 5.1-2 称量，如图 5.1-1 所示。水玻璃稀释液（$V_{水}:V_{水玻璃}=2:1$）、水泥浆液（$m_{水}:m_{水泥}=1:1$）、加膨润土水泥浆配置好后备用，水泥浆应不断搅拌，存放时间不超过 2 h。

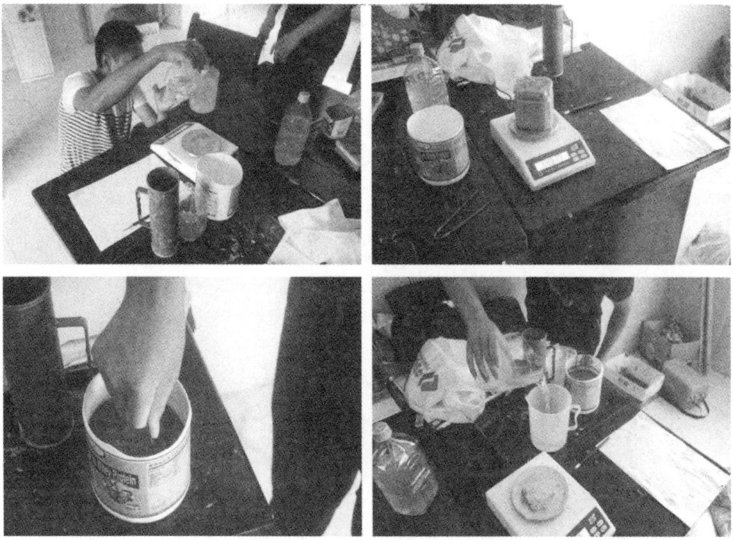

图 5.1－1　灌浆材料称量及配置

(2)将自制模拟地下岩溶灌浆装置接通水管,并将水流速度调至与岩溶区域水流流速相同。

(3)试验过程。将速凝膏状稳定浆液和水泥-水玻璃稀释液分别倒入进料口,记录开始反应时间和初凝时间并观察浆液在水流下的损失量,试验如图 5.1－2 和图 5.1－3 所示。

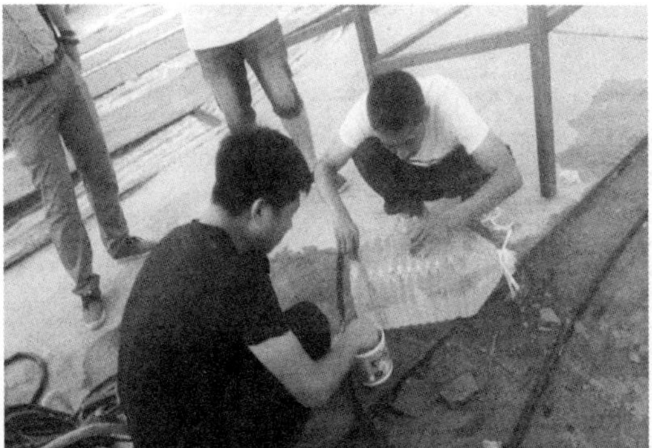

图 5.1－2　速凝膏状稳定浆注浆模拟试验

观察发现速凝膏状稳定浆液具有自堆积性，初期形成膏状，抗水流稀释和冲刷能力一般，沉积不密实，且凝结时间长，7 d 龄期的固化体强度很低，经手轻捻成粉末状。观察发现在水流的作用下速凝膏状稳定浆液损失量大，剩余部分附着在容器底部，其扩散面积较大。

将水泥浆液与水玻璃稀释液（$V_{水} : V_{水玻璃} = 2 : 1$）按照 1∶1 体积比同时倒入模拟装置的进料口，记录开始反应时间和初凝时间并观察混合液在水流冲刷下损失量。

图 5.1－3　水泥浆和水玻璃稀释液双液注浆试验

观察发现，水泥浆液与水玻璃浆液的凝结速度快，性能稳定，抗水流稀释和冲刷能力好，沉积密实，动水下扩散面积小，对溶洞的充填止水效果好，7 d 龄期凝结物强度高，固结结实，如图 5.1－4 所示。

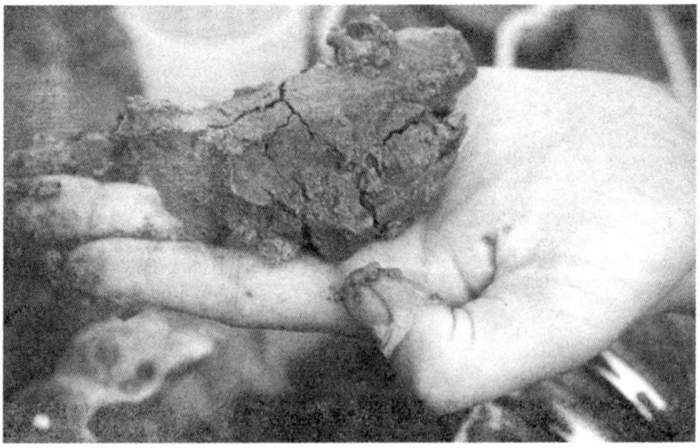

图 5.1－4　水泥-水玻璃双液注浆试验完成后沉积物取出的形态

双液在水流冲刷下损失小，试验共使用 1 000 mL 浆液，底部附着剩余物有 850 mL(图 5.1－5)，说明冲刷流失不明显，用手取出沉积物时有明显的阻力。

图 5.1－5　试验完成后沉积物的总体积

5.1.3　化学浆液试验

为寻找一种固化速率更快的堵水灌注浆材，为更严重富水动水溶洞的处理提供技术储备，选择了磷酸-水玻璃双组份化学浆液进行固化试验。

磷酸-水玻璃双组份化学浆的固化原理为二者混合后水玻璃中的硅酸钠水溶胶与磷酸中的 H^+ 反应生成酸性更弱的不溶性硅酸胶体，形成高强度的固结体，对土体、砂体有很好的渗透固结作用，也可以充填大空间和大溶洞，后期进一步挤密失水，可生成类似氧化硅的长耐久性固结体。

几种配比磷酸稀释液与水玻璃稀释液混合后的固化情况见表 5.1－4，试验情况如图 5.1－6 所示。对于磷酸稀释液($V_{水}:V_{磷酸}=15:1$)、$\rho_{磷酸溶液}=1.04$ g/mL、水玻璃稀释液($V_{水}:V_{水玻璃}=1:1$)、

$\rho_{水玻璃稀释液}$=1.17 g/mL，$V_{磷酸}$ ：$V_{水玻璃稀释液}$=1：1 时的磷酸-水玻璃化学浆凝固时间 4～5 s。而水泥-水玻璃双液浆凝固时间10～13 s，发现磷酸-水玻璃双组份化学浆液比水泥-水玻璃双液的固化速度更快，固结体强度良好。

表 5.1-4　岩溶注浆水泥-水玻璃双液浆配比试验成果表

序号	浆液种类		固化情况
1	磷酸稀释液 ($V_水$ ：$V_{磷酸}$=15：1) $\rho_{磷酸溶液}$=1.04 g/mL	水玻璃稀释液 ($V_水$ ：$V_{水玻璃}$=1：1) $\rho_{水玻璃稀释液}$=1.17 g/mL	$V_{磷酸}$ ：$V_{水玻璃稀释液}$=1：1 4～5 s凝结表面无水
2		水玻璃稀释液 ($V_水$ ：$V_{水玻璃}$=2：1) $\rho_{水玻璃稀释液}$=1.11 g/mL	$V_{磷酸}$ ：$V_{水玻璃稀释液}$=1：1 160 s凝结表面无水
3	磷酸稀释液 ($V_水$ ：$V_{磷酸}$=20：1) $\rho_{磷酸溶液}$=1.03 g/mL	水玻璃稀释液 ($V_水$ ：$V_{水玻璃}$=1：1) $\rho_{水玻璃稀释液}$=1.17 g/mL	$V_{水泥浆}$ ：$V_{水玻璃稀释液}$=1：1 14 s凝结
4		水玻璃稀释液 ($V_水$ ：$V_{水玻璃}$=2：1) $\rho_{水玻璃稀释液}$=1.11 g/mL	$V_{水泥浆}$ ：$V_{水玻璃稀释液}$=1：1 大于 300 s

图 5.1-6　磷酸-水玻璃化学浆凝固试验

5.1.4　试验结果分析

通过相同试验条件下浆液在岩溶动水下模拟灌浆发现：

(1)速凝膏状稳定浆液初期形成膏状，抗水流稀释和冲刷能力一般，沉积后不密实，且凝结时间长，强度低，经手轻捻成粉末状；被水冲刷损失量大，并且注入时在没有外力的作用下其浆液扩散面积比较大。

(2)水泥与水玻璃浆液具有凝结快，性能稳定，抗水流稀释冲刷能力好，沉积密实，且凝结时间短，经前期试验所得试样(龄期为 7 d 时)强度高，明显固结结实。抗水冲刷损失量小，有丰富的使用经验，有着大量的施工数据做技术支持，操作工艺简单、技术纯熟，可以充分填充裂隙，止水效果好，在无外力作用下其扩散面积小。

针对站点岩溶强发育以及岩溶水高承压和强富水特征，采用速凝膏状稳定浆液在浆液凝固速率、抗冲刷性能、固结体强度及耐久性等方面都不能满足要求，同时其配制相对复杂，对施工机械设备及施工水平要求高，且成本较高，针对岩溶承压水强富水带并不经济合理。有文献也提出速凝膏状稳定浆液在用于永久工程时，应论证其耐久性，该种浆液可作为临时性堵水处理，不适合作为地铁站点等永久工程的地下浅层岩溶的处理材料。但水泥-水玻璃双液浆对于动水岩溶充填注浆就体现出明显优势，可快速凝固，抗冲刷性好，固结体强度高，耐久性好。因此，建议使用水泥-水玻璃双液浆进行富水动水岩溶的处理。

(3)对于车站岩溶高承压强富水带的处理，可以采用磷酸-水玻璃双组份化学浆液进行更大流水动水溶洞及通道灌注加固，同时也可作为水泥-水玻璃双液浆处理效果不佳时的备选方案。

5.2 钻孔灌注桩成桩试验

5.2.1 钻　　孔

2016年5月26日，开始B237号钻孔灌注桩钻孔，由于地质超前钻探明地下23.2～29.5 m是全填充溶洞，钻孔灌注桩需穿越溶洞进入完整基岩1 m，桩长为30.5 m。中风化灰岩面以上采用旋挖钻冲孔，中风化灰岩以及溶洞地层采用冲击钻施工。

基岩面以上地层采用旋挖钻孔施工，钻至14.7 m(土岩交界面处)深度，孔底突然出现涌水，水位迅速上升，伴随出现塌孔现象，如图5.2-1所示。

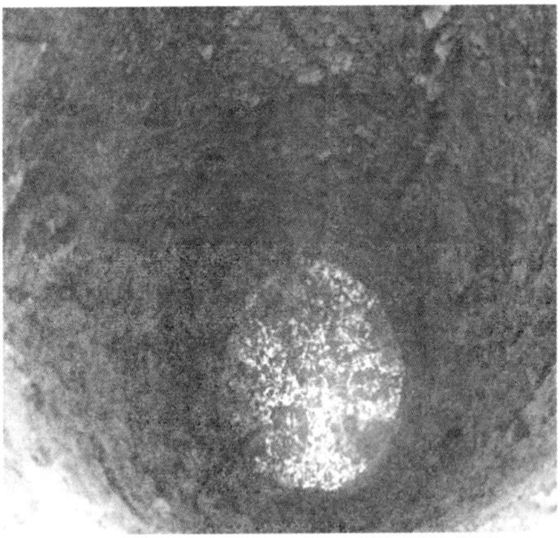

图5.2-1　B237桩钻孔及水位快速上升

为了防止出现大范围塌孔，采用黏土回填至黏土夹碎石层面以上，以保持孔壁稳定。然后采用冲击钻和泥浆护壁钻孔工艺进行钻孔。钻孔至 18 m 遇到溶洞，孔内泥浆液面突然下降，出现漏浆现象，漏浆后立即回灌泥浆，并边回填片石及黏土边冲击，如图 5.2-2 所示。累计回填片石及黏土 21 m^3，穿过 18.5～19.5 m 处无填充溶洞区域，钻孔深度 20.5 m。5 月 30 日遇到 23.2～29.5 m 处全填充溶洞，5 月 31 日穿过溶洞，6 月 2 日终孔深度 30.5 m。

(a) 移除钻孔设备　(b) 回填黏土　(c) 回填片石　(d) 补充泥浆

图 5.2-2　钻孔桩孔遇到溶洞漏浆处理

5.2.2　混凝土浇筑及成桩效果检查

2016 年 6 月 2 日，B237 钻孔灌注桩下钢筋笼并开始浇筑(图

5.2－3、图 5.2－4），设计方量 32.75 m^3，累计共浇筑 C35 水下混凝土 86 m^3，比设计超灌混凝土 53.25 m^3，说明下部存在较大桩外空间，浇筑密实对桩的稳定有利。在灌注至设计标高等待半小时后，量测桩顶混凝土标高，保持稳定，灌注完成。

图 5.2－3 孔内下放钢筋笼

图 5.2－4 钻孔桩混凝土浇筑

针对灌注桩浇完混凝土后可能出现桩底水下混凝土流失而造成断桩的问题，在灌注完成后要监测桩顶标高，30 min 后桩顶达到设计标高且保持稳定，然后才拔出注浆管，此时混凝土黏度相对较高，人工或机械拔管相对困难，因此项目组发明了一种钻孔灌注桩注浆管自动提升系统，并获得国家实用新型专利授权，该装置大大提高了工作效率，降低了劳动强度。

为评价钻孔注浆处理和钻孔灌注桩实施效果，采用钻孔取芯的方法进行成桩效果检查：钻孔灌注桩成桩后，采用钻孔取芯检查桩基的完整性。B237 灌注桩取芯共 28.3 m，芯样完整性较好，未见明显断桩和不密实区，如图 5.2－5 所示。

图 5.2－5　B237 钻孔桩混凝土取芯照片

5.3　岩溶超前处理试验

为进一步取得岩溶处理以及岩溶区富水带钻孔桩施工的各项参数，使岩溶处理设计方案更具可行性，以指导后续岩溶区大面积施工和分析评价岩溶处理的效果，分别在强富水区与弱富水区选择试验段进行岩溶处理试验和围护桩成桩试验。

5.3.1　现场试验方案

1. 试验桩位选择

根据超前地质钻揭露的地质情况和溶洞的发育情况，选择有代表性的 B237 和 B309 作为试验桩位进行岩溶处理试验，桩位位置如图 5.3－1 所示。

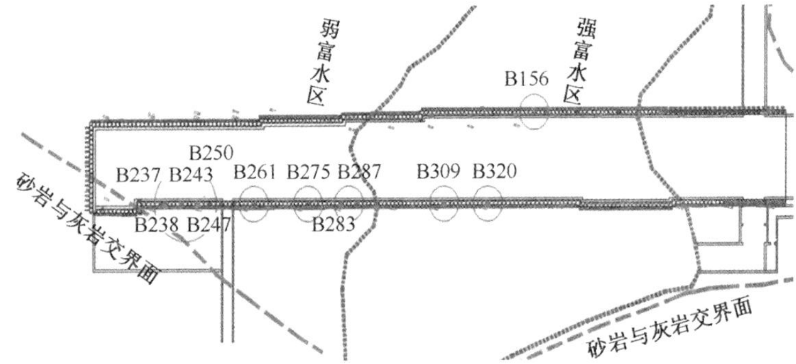

图 5.3－1　试验段平面布置图

2. 围护桩超前钻孔和周边钻孔岩溶处理原则

试验工艺流程：桩位超前钻孔→下袖阀管并封闭孔口与管口间隙→注浆→取芯检验→缺陷补强→注浆质量验收→钻孔灌注桩施工。

岩溶处理原则：

(1)超前地质钻孔深度为桩底以下 5 m，若发现存在溶洞则继续钻至溶洞底板完整基岩以下 3 m。

(2)根据钻孔揭露的溶洞大小及填充情况采取相应的处理加固方法，一般为注浆或填料＋注浆；若没有发现溶洞，则采用压力注浆的方法用水泥浆对钻孔进行填充加固和封孔。

3. 注浆孔布置

围护桩布孔和桩四周岩溶加密注浆孔的布置平面如图 5.3－2 所示，灌注桩规格为 ϕ1 200 @1 300 mm，桩中心设置超前地质钻孔，此孔兼做注浆孔，在桩的两侧 1 m 间距分别布置一排注浆孔，进行岩溶加密注浆处理。试桩时先对桩位两侧的 4 孔进行钻孔注浆，然后进行中心桩位孔钻孔注浆，取芯检查后进行钻孔桩施工。现场施工情况如图 5.3－3 所示。

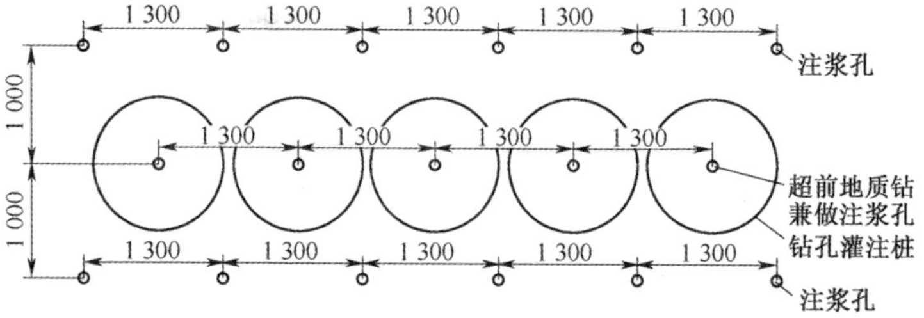

说明：
1.图中及说明中尺寸均以mm计。
2.钻孔灌注桩ϕ1 200@1 300。
3.超前地质钻ϕ110位于钻孔灌注桩中心，兼做注浆孔。
4.注浆孔ϕ110，沿桩位方向间距1 300，垂直于桩位方向间距1 000，呈梅花形排列。
5.施工顺序：桩位两侧注浆孔→注浆→桩位中心注浆孔→注浆(根据取芯情况)→钻孔灌注桩施工。

图 5.3－2　围护桩周边岩溶注浆布孔平面示意图

图 5.3－3　现场布孔注浆情况

4. 注浆浆液配制

根据前期浆材试验情况，选择三种注浆浆液，分别为水泥浆、水泥-水玻璃双液浆、磷酸-水玻璃双组份化学浆，各种浆液的配比如下：

(1)水泥浆：$m_{水泥}$ ∶ $m_{水}$ =1∶1。

(2)水玻璃稀释液：$V_{水玻璃}$ ∶ $V_{水}$ =1∶2。

(3)水泥浆-水玻璃双液浆：$V_{水泥浆}$ ∶ $V_{水玻璃稀释液}$ =1∶1。

(4)磷酸稀释液：$V_{磷酸}$ ∶ $V_{水}$ =1∶15。

(5)磷酸-水玻璃双组份化学浆：$V_{磷酸稀释液}$ ∶ $V_{水玻璃稀释液}$ =1∶1。

材料进场后对水泥-水玻璃双液浆和磷酸-水玻璃化学浆进行试配固化试验，混合液固化快速，固化效果良好，可以进行岩溶注浆试验使用。

5.3.2 岩溶处理现场试验

1. B309 桩位

B309 桩超前地质钻孔分析的地质情况见表 5.3－1，超前地质钻孔取样如图 5.3－4 所示。

表 5.3－1 B309 桩超前地质钻孔地质情况统计表

钻孔深度(m)	岩土性状描述	备 注
0～3	回填土	
3～5.8	黏土	
5.8～11	淤泥质粉质黏土	
11～16	黏土夹碎石	
16～18.8	中风化灰岩	
18.8～21	无填充溶洞	溶洞高 2.2 m
21～25	中风化灰岩	
25～25.3	溶槽	溶槽
25.3～27	中风化灰岩	
27～30.3	溶沟溶槽	溶沟溶槽

袖阀管封闭孔壁进行注浆，试验中单、双液注浆压力按 0.5～1.0 MPa控制。一般充填溶洞、破碎、静水等部位采用水泥浆单液注浆或水泥-水玻璃双液注浆，有水及动水溶洞采用水泥-水玻璃双液

和磷酸-水玻璃化学浆注浆，后期使用水泥单液浆加密灌注。具体注浆耗浆统计见表 5.3－2，可见发现的不密实及溶洞、溶沟溶槽部位都有不少进浆，注浆完成 48 h 后在原超前地质钻孔附近 0.5 m 位置钻孔取芯，取芯情况如图 5.3－5 所示，芯样中局部发现有水泥结石，尤其是最底部的溶沟溶槽部位水泥浆充填效果良好，芯样完成性比超前孔好很多，但局部仍存在不密实区，需进行补充加密注浆。

图 5.3－4　B309 桩超前地质钻孔芯样

表 5.3－2　B309 桩注浆情况统计表

钻孔深度(m)	岩土性状描述	注浆情况		
		单液浆(m^3)	双液浆(m^3)	化学浆(m^3)
0～3	回填土			
3～5.8	黏土			
5.8～11	淤泥质粉质黏土			
11～16	黏土夹碎石	46.2	54	
16～18.8	中风化灰岩			
18.8～21	无填充溶洞	54.6	18	45

续上表

钻孔深度(m)	岩土性状描述	注浆情况		
		单液浆(m^3)	双液浆(m^3)	化学浆(m^3)
21～25	中风化灰岩			
25～25.3	溶槽	31.2	15.6	
25.3～27	中风化灰岩			
27～30.3	溶沟溶槽	84	22.8	

图 5.3-5　B309 桩注浆完成 48 h 后取芯情况

2. B237 桩位

B237 桩超前地质钻孔地质情况见表 5.3-3，钻孔取芯的整体照片如图 5.3-6 所示，存在岩溶充填黏土、碎裂砂岩以及未充填溶洞。

表 5.3-3　B237 桩超前地质钻孔地质情况统计表

钻孔深度(m)	岩土性状描述	备　注
0～3	人工回填土	
3～12	粉质黏土	

续上表

钻孔深度(m)	岩土性状描述	备　注
12～14.9	黏土夹碎石	
14.9～18	中风化灰岩	
18～18.5	半边溶洞灰岩石块	
18.5～19.5	溶洞无填充	溶洞洞身 1 m
19.5～20	半边溶洞灰岩石块	
20～23.2	中风化灰岩	
23.2～29.5	溶洞全填充	溶洞洞身 6.3 m
29.5～32.5	碎裂石英砂岩	

图 5.3-6　B237 桩超前地质钻孔芯样

下袖阀管后封闭孔壁间隙进行注浆，试验中单、双液注浆压力按 0.5～1.0 MPa 控制。具体注浆情况见表 5.3-4，注浆完成 48 h 后在原超前地质钻孔附近 0.5 m 钻孔取芯，取芯情况如图 5.3-7 所示。

B237 取芯的总长度为 30 m，钻孔发现的溶洞、充填物及断裂破碎处都有浆液充填，从芯样切开的断面可以看出，采用化学浆、双液浆配合单液浆的效果明显，图 5.3－8 为泥质芯样断面的照片，浆液的痕迹非常明显。

表 5.3－4　B237 桩注浆情况统计表

钻孔深度(m)	岩土性状描述	注浆情况		
		单液浆(m^3)	双液浆(m^3)	化学浆(m^3)
0～3	人工回填土			
3～12	粉质黏土			
12～14.9	黏土夹碎石	36	78	44.4
14.9～18	中风化灰岩			
18～18.5	半边溶洞灰岩石块	23	38	47.4
18.5～19.5	溶洞无填充	42	36	
19.5～20	半边溶洞灰岩石块	29	31.2	
20～23.2	中风化灰岩			
23.2～29.5	溶洞全填充	45	33	26
29.5～32.5	碎裂石英砂岩			

图 5.3－7　B237 桩注浆完成 48 h 后取芯情况

图 5.3 - 8　B237 桩旁取芯芯样横切面浆液充填

5.4　止水帷幕与基底注浆试验

5.4.1　止水帷幕钻孔注浆

根据站点设计要求，在围护桩外围 2 m 区间实施两排钻孔岩溶注浆以形成站点基坑止水帷幕，止水帷幕注浆在钻孔灌注桩实施前实施，采用 2 m×2 m 孔排距，梅花形布置，帷幕宽度 3 m，钻孔深度为基坑底板以下 10 m，对岩土结合面以上 2 m 至基坑底板以下 10 m的区间发现的岩溶进行处理。钻孔至设计底高程如未进入完整岩，则继续钻进直至进入完整岩体 3 m，遇到岩溶及破碎岩体都需进行灌浆处理。

止水帷幕钻孔注浆工艺及材料选择与围护钻孔灌注桩超前钻孔岩溶处理的工艺一致，相关施工工艺可以完全借鉴，故未单独进行止水帷幕钻孔灌浆试验。

5.4.2 基坑满铺钻孔注浆

根据站点设计要求，在基坑底板范围内进行满铺岩溶注浆，注浆深度范围为基坑范围岩面注浆、底板以下 3 m 范围进行溶洞充填处理，在此范围发现的岩溶都要进行处理。满铺注浆钻孔按 3 m×3 m 控制，梅花形布置。注浆工艺与围护桩超前钻孔岩溶处理工艺一致。

5.5 试验小结

通过岩溶注浆材料试验、岩溶超前钻孔注浆试验和钻孔桩试桩试验，制定了适用于本站点岩溶处理的注浆材料和工艺，以及围护钻孔灌注浆施工工艺，主要试验结论如下：

(1)车站高承压强富水岩溶钻孔注浆处理可以采用水泥单液浆材、水泥-水玻璃双液浆材以及磷酸-水玻璃双组份化学浆材，三种浆液适用于不同充填和涌水动水岩溶，试验明确了具体的浆液配制和使用要求。

(2)围护钻孔灌注桩必须通过一桩一孔超前地质钻孔探明钻孔桩范围内岩溶的高度以及填充情况，进一步确定桩的长度。

(3)先在桩位的四周钻孔注浆填充，然后对原桩位进行钻孔注浆，对于发现的岩溶先采用磷酸-水玻璃双组份化学浆封堵，让浆液充填溶洞及溶沟溶槽，然后灌注水泥-水玻璃双液浆，取得较好的岩溶处理效果，对桩基成桩有决定性作用。

(4)采用优质泥浆护壁更有利于溶洞处理后钻孔桩孔壁内外的稳定，减少塌孔频率，出现塌孔应回填片石、黏土进行辅助性加固，冲击钻反复冲击成孔。

(5)岩溶区成桩后混凝土浇筑至设计标高后，需要多次测量混凝土的标高，观察混凝土液面高度是否有变化，及时补充混凝土，待混凝土标高稳定后再拔出导管，防止断桩。

(6)岩溶区成桩混凝土超方情况极为普遍，印证了基岩岩溶极度发育的勘察结论。

第6章　岩溶高承压强富水带处理技术

6.1　处理范围及准备

6.1.1　处理范围

1. 岩溶处理范围

根据勘查情况及类似岩溶处理经验，岩溶处理范围长度约260 m，宽度约32 m，注浆帷幕深度为黏土夹碎石层至车站底板以下10 m，车站结构轮廓范围内注浆深度为底板以下3 m，注浆范围内刚好有溶洞时，须将溶洞填充完整。岩溶处理范围平面如图6.1所示。

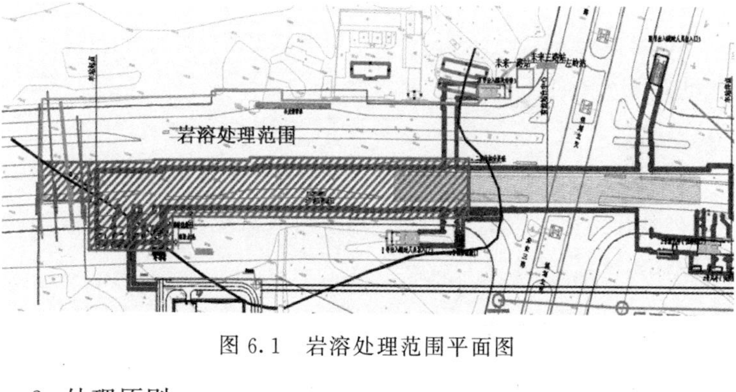

图6.1　岩溶处理范围平面图

2. 处理原则

处理的原则为"外截内排，分区实施"。

(1)外截

在基坑外侧设置注浆截水帷幕，并在帷幕外侧设置减压泄水井。岩溶水从西北向东南方向排泄，根据水文钻孔场区内排泄通道宽度至少 230 m,局部车站范围对排水通道进行封堵,不会阻断整个平面排水通道。场区岩溶水不是深层岩浆岩地下水向上补给,在基坑周围进行帷幕截水可以达到截水效果。注浆帷幕深度为基底以下 10 m,仅处理浅层溶洞,并未将整个竖向岩溶发育带全部堵死,帷幕下方仍留有过水通道。

帷幕深度确定如下:

1)本站岩溶属浅部岩溶发育,溶洞主要分布在岩面至基底以下 10 m 范围,对此范围溶洞、溶隙进行封堵,施工期间可以阻截大部分过水通道,大大减少了坑内岩溶水补给量。

2)根据武汉地铁 6 号线岩溶处理成功经验,注浆帷幕深度为岩面以上 2 m 至基底以下 10 m。

3)武汉地区浅层岩溶在基岩面以下 2～4 m 范围发育最强,从 10～15 m发育减弱;以岩面以下 10～15 m 为界将浅层岩溶分为上、下两带,上带为强岩溶带,下带为弱岩溶带。

(2)内排

外侧截水帷幕使坑内岩溶水补给大大减少,通过坑内降排水确保基坑在无水条件下施工。

(3)分区实施

考虑到强弱富水带分布及未来一路站—未来三路站区间盾构接收,基坑开挖采取分段进行,先施工西侧弱富水条带,确保盾构机能按期接收。

6.1.2 机械与材料准备

1. 主要施工机械设备配置

结合现场施工实际,保证施工进度、质量及安全,在施工中拟投入的施工机具见表 6.1－1。

2. 注浆材料计划需求

本施工技术中主要用到的材料见表 6.1－2。

表 6.1-1　主要施工机械设备配置表

序号	设备名称	型号和规格	单位	数量	备　注
1	钻机	XY-1	台	12	性能良好，主要用于验证孔、检查孔
2	潜孔锤钻机	ZGYX420	套	1	性能良好
3	双液浆注浆机	3SNS	台	10	性能良好
4	单液浆注浆机	BW250	台	10	性能良好
5	注浆自动记录仪		套	10	
6	压力表	6 MPa	个	20	
7	搅拌桶		个	20	
8	高压注浆管		m	若干	
9	套管	108 mm	m	若干	
10	止浆塞	108 mm	个	若干	孔口封闭用
11	阀门		个	若干	
12	送浆泵	2P	台	若干	

表 6.1-2　注浆材料计划表

序号	材料名称	规格与型号	单位	数量	备注
1	水泥	强度等级 42.5	t	30 000	
2	水玻璃	波美度 30～50	t	20 000	
3	磷酸	浓度 80%	t	1 000	
4	注浆管(PVC 硬管)	直径 30 mm	m	50 000	
5	袖阀管	48 mm×3 mm	m	30 000	

3. 注浆及观测设备

(1)注浆施工须使用注浆自动记录仪进行记录。注浆自动记录仪应经有关部门鉴定和率定，能自动、准确地测记注浆压力、注入率、浆液水胶比等注浆参数，保证记录成果的真实性和准确性。

(2)注浆施工所用的风、水、电应设专用线路、管路，以保证注浆作业能连续进行。

(3)注浆管路应采用钢丝编织胶管,能承受 1.5 倍的最大注浆压力,并应保证浆液流动畅通。

(4)止浆塞应和注浆方式、方法、注浆压力及地质条件相适应,胶塞(球)应具有良好的膨胀性能,在最大压力下能可靠地封闭注浆孔段,并易于安装与拆除。

(5)浆液搅拌机的性能应与注浆泵的排浆量相适应,并能均匀、连续地制浆,其中高速搅拌机的转速应不低于 1 200 r/min。

(6)注浆采用双缸或多缸活塞式注浆泵。注浆泵的允许工作压力应大于最大设计注浆压力的 1.5 倍,压力摆动范围不大于设计注浆压力的 20%,并应有足够的排浆量和稳定的工作性能。

(7)注浆进浆管口处应安装压力表。压力表量程应与各工序作业使用的压力相适应。

(8)注浆工程应设置集中制浆站,寒冷季节施工时应做好注浆机房和注浆管路的防寒保暖工作,炎热季节施工时应采取防热、防晒措施,确保浆液温度能保持在 5～40 ℃之间。

(9)所有注浆设备应注意维护保养,保证其正常的工作状态,并应有充足的备用量,以免因设备故障影响注浆作业的连续进行。

6.1.3 施工准备

(1)施工用电:从未来三路站 630 kVA 箱式变压器引接至工作面,进行一级配电箱、二级配电箱、三级开关箱配设。

(2)施工用水:使用自来水,从未来三路站引接,100 mm 供水管至工作面,再分接至各作业区域。

(3)现场通信:现场项目经理部主要管理人员、班组长配置移动通信设施,做到 24 h 不间断联系。

(4)测量:根据提供的坐标控制点进行轴线的复核和标高的引测,保护好原有的控制线做好建筑轴线和桩位的定位工作。

(5)施工准备工作与施工调查同步进行,放好线路中线及注浆加固范围线后,一次性测放注浆孔位。钻探先行,注浆随后;边探边钻,边注边观察。发现异常,及时调整工艺。同时做好周边环境的监测,避免污染物和控制浆液超出加固范围。土石界面附近岩溶发育,采用分段注浆法,调整压力,加大注浆量。遇较大空洞和水流,采取灌注砂浆或添加粗骨料,加注浓浆等方式封堵。在施工前、后均采用钻孔抽芯与注水相结合的方法进行岩溶地基处理工程的效果检测。

6.2 处理工艺

6.2.1 钻　孔

(1)按照施工图纸进行各区域的布孔位置测放,现场将点位交与相关人员。测设孔位、标高,进行统一编号钉桩,孔位偏差不大于 10 cm。当因避让管、线等客观原因需对孔位进行调整,且距离大于 50 cm 时,需报设计、监理单位核准。先钻边排孔,后钻内排孔。开孔前先了解并坑探核实有无地下埋藏物(坑探深度约 2.5 m),经相关产权单位、监理单位等确认无地下埋藏物后方可开钻。布孔施工过程中为避免相邻两孔串通,采取间隔式钻孔布置,即分两道工序,先单号后双号,单号孔完成注浆后再施工双号孔。

(2)孔深应达到设计图纸、通知、文件规定的深度或高程。注浆孔应伸入溶洞底板以下不小于 0.5 m,填料孔应伸入溶洞顶板以下空洞内不小于 1.0 m。当终孔段遇到形状较差、规模较大的岩溶或裂隙密集发育带等地质缺陷时,应加深钻孔,伸入其下部完整岩体内 0.5 m。

(3)覆盖层(土层)中钻孔采用潜孔锤钻机或回转钻机钻孔,注浆孔钻孔直径 110 mm。岩体内采用回转钻机或潜孔锤钻机造孔,钻孔直径不小于 76 mm。钢套管采用吊锤垂直夯入地下,至岩面以上 1.0 m 左右。土层中钻孔要求尽量少用水、泥浆和其他钻孔润滑液。

(4)钻孔过程中应采取可靠的防斜措施,保证孔向准确,孔斜偏差值不得大于孔深的1%。

(5)钻孔时应对钻孔中发现的各种情况如涌水、失水、外漏、塌孔、掉块、卡钻、断裂构造、岩溶发育、岩性变化等作详细记录，并反映在钻孔综合成果表中，作为分析注浆质量的基本资料。

(6)对大规模充填溶洞、串珠状充填溶洞等地质条件复杂地段，应通过现场试验确定灌注方法和工艺要求。

(7)溶洞检查与处理钻孔布置原则：

1)对于钻孔揭示高度不大于1 m的溶洞，一般在已揭露溶洞的勘探钻孔附近0.5 m内布置1钻孔作为注浆孔。

2)对于钻孔揭示高度大于1 m且小于6 m的全填充溶洞，围绕已揭露溶洞的勘探钻孔呈梅花形布置钻孔不少于3孔作为注浆孔，间距2 m×2 m。

3)对于钻孔揭示高度大于1 m且小于6 m的无填充溶洞或半填充溶洞，在已揭露溶洞的勘探钻孔附近(0.5 m内)另钻直径200 mm钻孔作为填料孔，围绕200 mm钻孔呈梅花形布置注浆钻孔不少于3孔，间距2 m×2 m。

4)对于钻孔揭示高度大于等于6 m的溶洞，围绕中心孔按2～3 m布置十字形勘探线进行施工补勘，逐步探清溶洞规模。对无填充溶洞或半填充溶洞，在溶洞中心位置附近钻200 mm钻孔作为填料孔，围绕200 mm钻孔呈梅花形布置注浆钻孔，注浆孔不少于5孔，间距2 m×2 m；对全填充溶洞，围绕已揭露溶洞的勘探钻孔呈梅花形布置钻孔不少于5孔作为注浆孔，间距2 m×2 m。

5)施工中，一般以揭示到溶洞、异常区的钻孔为基准点，边钻边灌边找边界，以基本找到溶洞洞体边界为止。钻孔布置示意如图6.2所示。

(8)钻孔取芯。

1)生产性试验区内注浆孔、注浆质量检查孔以及设计文件中规定和监理单位指示的有取芯要求的钻孔应采取岩芯。

2)取芯钻孔的岩芯获得率要求不小于80%。

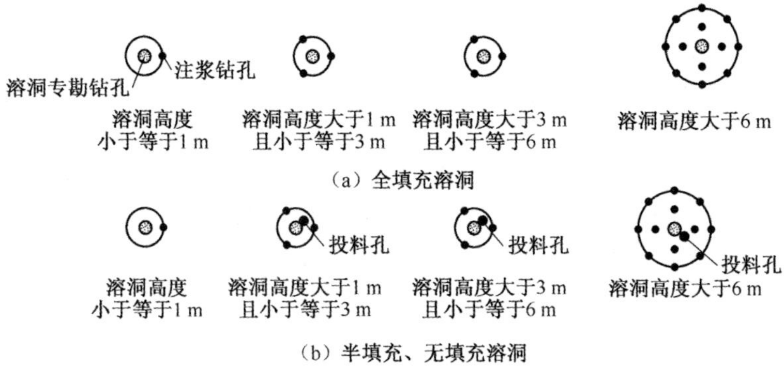

图6.2　钻孔布置示意图

3)所有岩芯均应统一编号，填牌装箱，并进行岩芯描述，绘制钻孔柱状图，特殊地段的岩芯须摄影存档。

4)记录：详细真实记录好钻孔情况(溶洞情况，岩面，覆盖层，钻孔是否漏水、漏浆、冒水等)，以便后期注浆参考。

6.2.2　下注浆管

(1)封孔：针对钻孔情况，注浆前对所有钻孔采用不同方案进行封孔。

1)若钻孔过程中不漏水，且已经灌注套壳料的钻孔，用双液浆从套壳料下沉位置封闭至孔口。

2)钻孔过程中，漏水漏浆无法灌注套壳料的钻机先用单液浆从孔底将孔内灌满，再用双液浆从岩面以下1 m的位置直接封闭至孔口(如果长时间灌不满单液浆，可直接用双液浆从岩面往上封闭)。

3)针对使用套壳料封孔的方式，进行一次试验桩，做好成孔、封孔、配比、注浆等各个工序的详细记录，为后续注浆提供依据。

(2)终孔与验收时间间隔不宜过长，以免垮孔等不利情况发生。终孔验收后应及时进行封孔作业，封孔水泥浆(或水泥砂浆)终凝后进行注浆作业。

(3)根据溶洞注浆孔布置位置,下注浆管,将制作的 PVC 管、镀锌管或者袖阀管下到孔内,一般桩位以 PVC 管为主,深度为每孔孔底、溶洞底部以及岩面以下三个位置;帷幕孔,单号孔以 PVC 管为主,镀锌管为辅,下管深度同原桩位,双号孔以袖阀管为主,下管深度为设计孔深。注浆管根据要求连接后,在管内注满清水检查密封性能。将注浆管沿钻孔下至设计标高位置,上端露出地面 0.2 m 左右,并加盖上闷盖。为保证顺利下管,管中要注满清水,以重力抵抗浮力。下管后在孔壁间隙靠近地面 1～2 m 范围内充填水泥砂浆加固。

(4)完成以上工序后,将钻机移至下一孔位,并用水泥袋将孔口封堵,以防渣石等掉入孔内,影响后续封孔。

6.2.3 注　浆

1. 浆液配制

水泥应检测合格后方可进场使用,浆液拌制用水应满足拌制水下混凝土用水要求。根据该溶洞钻孔记录数据初步推算洞体容量,依据配合比计算所需各种材料用量。备齐材料后按照配合比在搅拌机内进行浆液配制,配制好后倒入储浆桶内储备,检测合格后方可用于注浆施工。

2. 注浆原则

(1)对于地质超前钻孔探明全填充的溶洞采用单液注浆,水胶比(0.8∶1)～(1∶1),返压或返浆为终孔标准,不得破坏周边地面等设施,全程采用注浆记录仪,随时可打印注浆情况(包括注浆量和注浆压力等)。

(2)对于地质超前钻孔探明的半填充的溶洞原则采用单液注浆,若采用单液浆无效果,改双液浆与单液浆相结合的方式进行注浆,返压或返浆为终孔标准。对于 6 m 以上的大溶洞采用先填充碎石、砂或砂浆、低强度等级混凝土后进行注单液浆的方法处理,必要时根据现场情况确定方案。

(3)对于地质超前钻孔探明的无填充的溶洞原则上采用双液浆与单液浆相结合,先注双液浆再注单液浆的方法,若注双液浆超过 100 m^3 无效果,应改先注化学浆后双液浆最后单液浆的方法,若仍无效果则开会讨论处理方案。对于 6 m 以上无填充且位于桩位的溶洞,采用桩基冲孔回填片石黏土的方法处理,对于其他部位的需要钻 200 mm 以上的孔先投石再注浆的方法处理。

(4)双液浆:双液浆的调配应根据溶洞的大小、填充情况、钻孔漏水、冒水情况等而改变,具体配比为水泥浆的水胶比 1∶1,水玻璃稀释液为水玻璃∶水为 1∶2(体积比),且水玻璃稀释液与水泥浆按体积比 1∶1 混合。

(5)化学浆:针对部分冒水、漏水或者注浆长时间不上压的钻孔,实行化学浆作业,具体配比(体积比):水玻璃稀释液为水∶水玻璃 1∶1;磷酸溶液为水∶磷酸溶液为 15∶1;磷酸溶液与水玻璃稀释液的体积比也为 1∶1。

(6)水玻璃稀释液使用时,注浆队伍必须由专人进行连续搅拌,防止水玻璃沉底不均匀而导致注浆效果不佳。

3. 注浆孔段长度划分

(1)对于洞高小于 3 m 的溶洞充填注浆分一段进行,注浆孔应伸入溶洞底板以下不小于 0.5 m。

(2)对于洞高大于 3 m 的溶洞应分段进行注浆,一般注浆长度为 1～2 m,最大段长不得大于 3 m。

4. 逐孔注浆

(1)注浆压力控制:单液浆注浆压力为 0.5～0.8 MPa,返压时稳定 30 min 后停止注浆,对于注浆未返压的情况采用间歇式(注浆一段时间后停半小时再进行注浆的方式)注浆;双液注浆压力控制在 1.2～1.5 MPa,稳定 10 min 后停止注浆;化学浆压力控制在 2.0～2.5 MPa,具体压力以试验数据为依据。注浆压力读数为起始压力＋注浆压力。

(2)浆液在注浆过程中的应用:

1)钻孔过程中无漏水,未披露溶洞的钻孔,以单液浆灌注压密。

2)钻孔过程中出现漏水、漏浆现象,但未披露溶洞,有少许溶沟溶槽的钻孔或1～3 m的全填充溶洞,用单液浆。

3)钻孔过程中披露有溶洞在1～3 m的钻孔,无填充或半填充,用双液浆灌注。

4)钻孔过程中披露有3 m以上大溶洞,且无填充,可先用化学浆进行封堵,再用双液浆灌注。

5)对第4项,如果现场允许,可在披露溶洞的钻孔旁边,另行钻一个直径200 mm以上的钻孔,对溶洞内进行碎石等填充,然后再实施注浆作业。

6)特殊情况下,在施工过程中长时间注浆无压力,以上方法无效的情况下,征得项目领导同意后对孔内应采用水玻璃或水泥浆或磷酸溶液等单液浆进行灌注,因纯水玻璃及磷酸、水泥浆混合后即刻凝固,无法实现混合后再灌注,只能单独灌注,所以让其在孔内再混合,从而实现快速凝固的效果。

(3)收孔标准:根据现场注浆压力,并参考收孔压力,地面沉降等实时监控结果综合制定。

5. 静压灌浆工艺

(1)静压灌浆法的加固机理:对溶洞中的黏土、砂和碎石等,浆液是通过渗透作用板结砂和碎石的;对于溶洞中的黏土、砂等,浆液是通过劈裂、挤密作用加固土体;对于无填充物和半填充溶洞的空间,浆液是通过充填作用填满溶洞的。浆液在充填物的渗透扩散方向是往小主应力面方向,浆液固化后,小主应力面得到加固,而原次小主应力面变成了小主应力面。这样反复不断地渗透、挤密和加固溶洞,从而提高溶洞中充填物的强度。

(2)静压灌浆法单液浆(水泥浆)设计配比参数:①注浆压力0.3～0.5 MPa;注浆压力从0.3 MPa逐步提高,达到注浆终压0.5 MPa并继续注浆10 min以上;②注浆速度:30～70 L/min;③注浆扩散半径设计为1.5 m;④每个注浆孔每米的灌浆量初步按

5.0 m^3考虑；⑤实际灌浆参数根据现场试验确定，对于溶洞水有流动性时，周边孔应在浆液中加入速凝剂或采用水泥-水玻璃双液浆。

(3)单孔注浆结束标准：在钻孔中插入袖阀管进行深孔注浆，要求少量多次、反复灌浆；每孔注浆都正常进行，至少复灌两次以上。注浆终压达到设计终压，注浆量达到设计注浆量的80%，或虽未达到设计终压，但注浆量已达到设计注浆量，即可结束本孔注浆。

6. 注浆注意事项

(1)注浆过程中，如注浆压力保持不变，注入率持续减少，或当注入率不变而压力持续升高时，不得改变浆液水胶比。

(2)注浆施工必须使用注浆自动记录仪进行记录。注浆自动记录仪应经有关部门鉴定和率定，能自动、准确地测记注浆压力、注入率、浆液水胶比等注浆参数，保证记录成果的真实性和准确性，同时以人工记录为辅助，记录注浆施工过程中串浆、串水等异常情况。

(3)注浆管路应采用袖阀管或PVC管，能承受1.5倍的最大注浆压力，并应保证浆液流动畅通。

(4)注浆工程应设置集中制浆站，寒冷季节施工时应做好注浆机房和注浆管路的防寒保暖工作，炎热季节施工时应采取防热、防晒措施，确保浆液温度能保持在5～40 ℃之间。

(5)对溶蚀裂隙发育、连通性好、漏液严重时，注浆时可掺入一定量的、粉土或粉煤灰等外加剂，粉土掺入量为水泥质量的10%，而粉煤灰掺入量为水泥质量的20%～50%。

(6)所有注浆孔及其配套进行的检查孔等均应严格地进行封孔处理。所有注浆孔与检查孔注浆(或压水)结束后应紧接着进行注浆封孔。注浆封孔采用压力注浆封孔法，浆液采用水胶比为0.5∶1的浓水泥浆。为了确保封孔质量，所有封孔施工宜在监理工程师的现场指导下进行。

7. 常见问题与处理措施

(1)地面塌陷或沉降。施工过程中若发现道路、场地内周边变形开裂或地下水位变化较大时，应组织全体人员立即撤离现场，严格按照应急救援预案实施。项目经理部在特大溶洞处理前，应对施工人员进行安全教育及塌陷应急救援演练，确保提前安全预警，并第一时间通知业主单位、设计单位、监理单位。

(2)钻孔掉钻。钻孔过程中若出现掉钻现象，应立即组织有经验的钻孔人员进行现场确认。确认钻杆是丝扣脱落还是直接断裂，钻杆最终稳定位置，掉落钻杆上部螺纹情况，掉落后钻杆是否倾斜，选用公锥或母锥进行取钻。若取钻不成功，且对后续施工无影响时，该钻杆可不用取出，移出钻机后该孔用水泥砂浆进行封孔，并在该孔附近另作新孔进行岩溶探查。

(3)注浆漏浆。当单孔注浆量很大或注浆压力长时间无法提升时，孔内可能出现漏浆情况。此时可改用化学浆液注浆封堵漏浆通道，紧接着灌注双液浆。其原理为化学浆在压力下不断扩散、渗透到空状的洞穴与软土中去，一是填充填土的孔隙及岩体裂隙，排挤出空隙中存在的自由水和气体，并产生胶结作用，形成新的整体；二是形成劈裂注浆，使浆液在洞内及周边软土中形成树根网状固体；三是通过水泥化学浆的快速凝固作用，堵塞洞体与外围的渗水通道，再灌注双液浆，将化学浆挤碎，进一步迫使洞内空洞得到充分的填充，待浆液凝固后，在洞中形成一个固结体。

(4)注浆必须连续进行，若因故中断，应找出注浆中断原因，尽快采取处理措施，及早恢复。

(5)注浆过程中应分序施工。如出现串浆现象，应对串浆孔同时进行注浆处理。

(6)注浆过程中如有冒浆、返浆等现象发生，应暂停注浆，尽快采取处理措施，处理完后立即恢复注浆。

(7)对垮孔严重的溶蚀破碎带、充填粗粒土的溶洞等实施跟管钻进极为困难的注浆钻孔，可采用自上而下注浆法复钻施工，严禁使用泥浆等影响注浆加固效果的方法护壁钻进。

(8)如浆液漏失严重，局部使用双液浆注浆堵漏时，应先据试验确定水玻璃与浆液体积比，水玻璃浓度 35～40°Be′，模数 2.4～3.4。

(9)当采用充填砂、碎石或掺入其他填充物处理后注浆量仍然较大时,可采用间歇注浆处理。

6.3　处理效果分析

6.3.1　基坑开挖后检查

按设计方案要求,共在站点外围三个方向设置止水帷幕,分别为北、西、南三个方向,将强富水带和西侧弱富水带围住,东侧岩溶发育的灰岩与不溶性泥质砂岩接触,未设置止水帷幕。截水帷幕共实施注浆钻孔 12 074 m,钻孔灌注桩超前钻孔注浆 9 134 m,桩两侧钻孔注浆孔 11 472 m,坑内平铺注浆钻孔 25 125 m,区间注浆钻孔 3 693 m,水泥浆、双液浆、化学浆合计注浆 86 039.7 m^3。

根据车站场地岩溶承压水及现场抽水试验结合区域地质资料,按湖北省地方标准《基坑工程技术规程》(DB42/T 159—2012)中第 7.4.4 条预测,如果不进行针对性的岩溶处理,未来三路站基坑涌水量预计将达到 64 779 m^3/d,如果出现如此大的基坑涌水,那站点施工根本无法实施,故在地质详勘后的站点设计时,曾因为站点地质水文太过复杂而提出过迁移站址的建议。

实施站点建设"外截内排,分区实施"的处理方案后,结合高效的岩溶注浆处理措施,在基坑开挖及施工的整个过程中未出现大的涌水现象,坑内施工为完全干燥状态,预设的抽排系统几乎未启用。唯有东侧靠近灰岩与砂岩结合面附近出现两孔小流量涌水,其中一孔为未及时封闭的探测钻孔,两处涌水经钻孔灌浆成功封堵。从砂岩附近渗水现象也可以看出,站点岩溶处理并未完全隔断地下泉水的径流通道。

在开挖至土岩结合面附近时,可以观察到明显的水泥-水玻璃双液固结体痕迹(图 6.3－1),在开挖至灰岩面也可见溶沟溶槽内岩溶被注浆浆液充填(图 6.3－2)。结合面沉积的淤泥中也有浆液固结体,未见渗水,如图 6.3－3 所示。

图 6.3-1　基坑开挖时出现的注浆凝结体

图 6.3-2　开挖至灰岩岩面的溶沟溶槽内充填浆液凝结体

6.3.2　基坑底板地质雷达测量

基坑开完并支护完成后，对基坑底板实施了地质雷达探测，检查底板以下岩溶的处理情况。

1. 测量设备

本次地质雷达检测采用意大利 RIS-K2 型地质雷达仪进行，该雷达仪的特点是轻质便携，单人轻松操作，是目前世界上最小和最轻的雷达；极高的发射速率和扫描速度；天线屏蔽好，频带宽，信号稳定性强，高分辨率，高灵敏度。

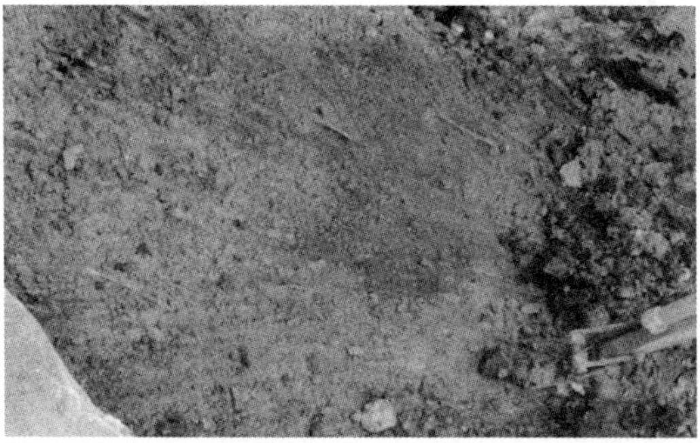

图 6.3-3 开挖至土岩结合面附近的淤泥充填浆液凝结体

2. 测量布线

共布置测线 9 条，分别为 Z1 测线，YK57+646 右 2.6 m～YK57+663 右 2.6 m 段，长 17.0 m；Z2 测线，YK57+646 右 0.5 m～YK57+666 右 0.5 m，长 20.0 m；Z3 测线，YK57+657 左 12.5 m～YK57+686 左12.5 m，长 29 m；Z4 测线，YK57+652 左 16.6 m～YK57+667 左 16.6 m，长 15.0 m；Z5 测线，YK57+646 左 19.2 m～YK57+667 左 19.2 m，长 21.0 m；第 26 轴处 Z6 测线，K57+665.5 处横测线；Z7 测线，长 22 m；Z8 测线，长 21 m；Z9 测线，长 15 m。

3. 数据采集与图像处理

本次地质雷达检测，选用雷达天线中心频率为 200 MHz，数据采集记录长度 640 ns，采样点数 1 024，7 次叠加，连续测量方式。现场测试作业如图 6.3-4 所示。

地质雷达所测得的原始记录资料，采用 REFLEXW 软件首先进行一维滤波去直流漂移，去除零点漂移，第二步进行静校正移动初值时间，第三步进行增益设置，第四步进行巴特沃斯带通滤波，保留有效信号，然后根据波速进行时间-深度的换算得到待解译的图像剖

图 6.3-4　地质雷达现场探测

面。9 条测线的剖面图像如图 6.3-5 所示。

从 9 条测线的地质雷达深度剖面图可以发现，在 Z1 纵测线 YK57+647 右 2.6 m～YK57+653 右 2.6 m 段，深度 2～5 m 处，和 Z2 纵测线 YK57+648 右 0.5 m～YK57+653 右 0.5 m，深度 2～5 m 处存在深度小于 3 m 的溶蚀裂隙发育带，呈富水特性。其他断面只在深度 3 m 以下有岩溶和富水带信号，说明基坑岩溶处理深度达到设计要求，3 m 以下区域显示的富水特性说明下层地下水通道未被阻隔，同样达到了设计意图。

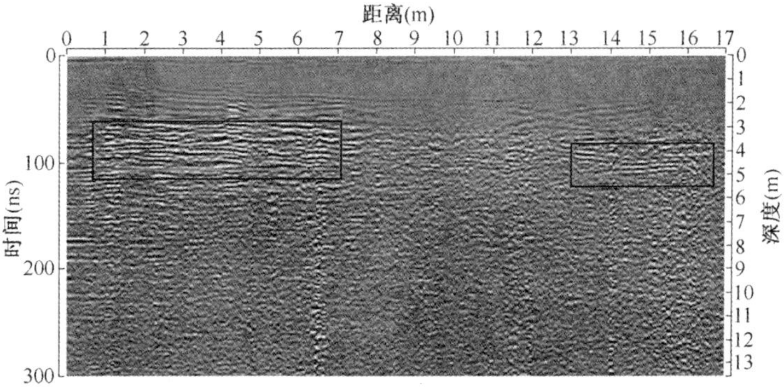

Z1测线地质雷达深度剖面

图　6.3-5

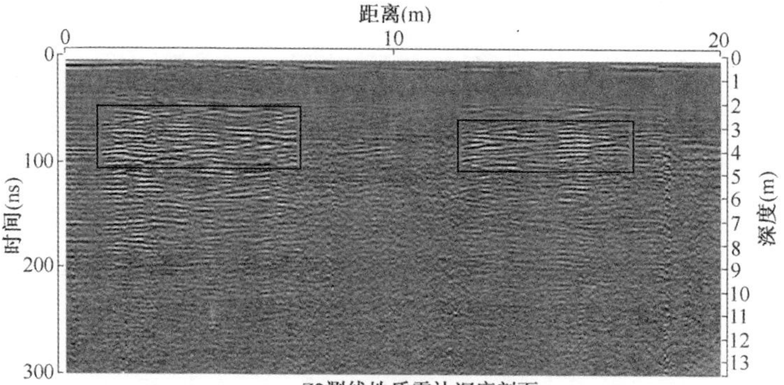

Z2测线地质雷达深度剖面

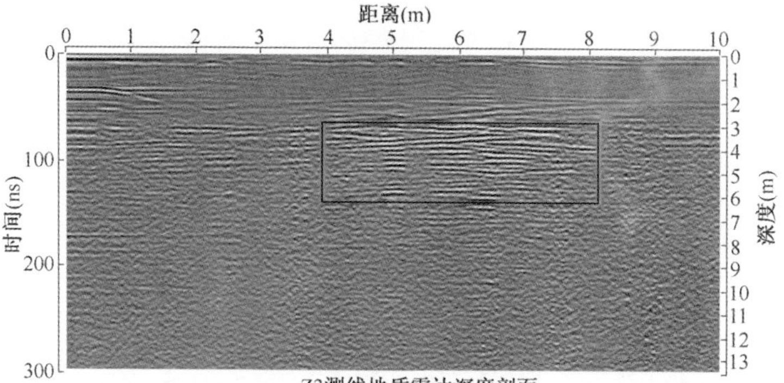

Z3测线地质雷达深度剖面

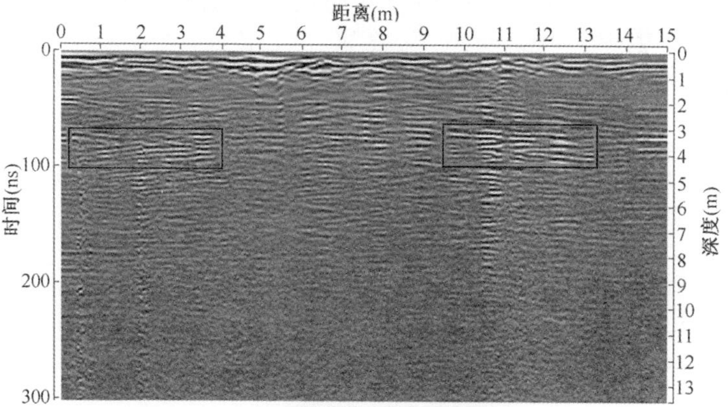

Z4测线地质雷达深度剖面

图　6.3－5

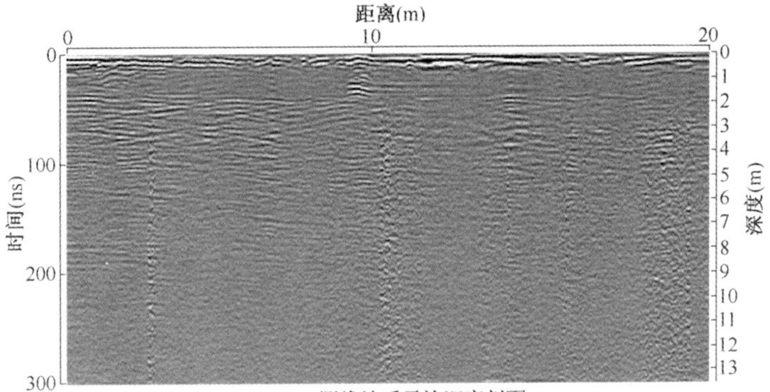

Z5测线地质雷达深度剖面

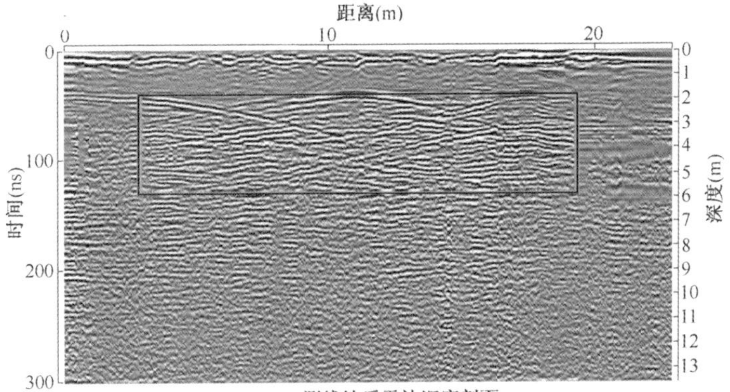

Z6测线地质雷达深度剖面

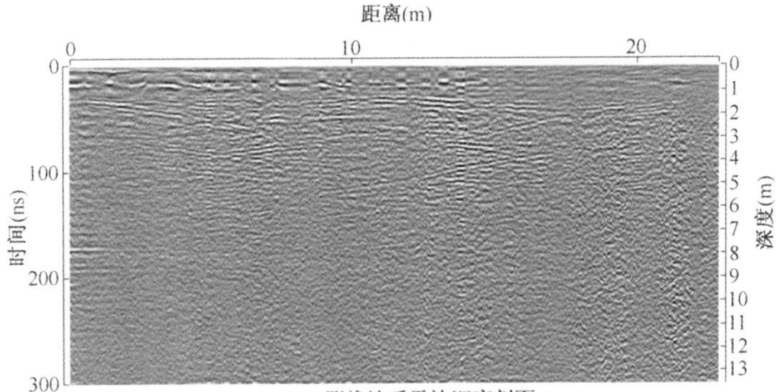

Z7测线地质雷达深度剖面

图　6.3-5

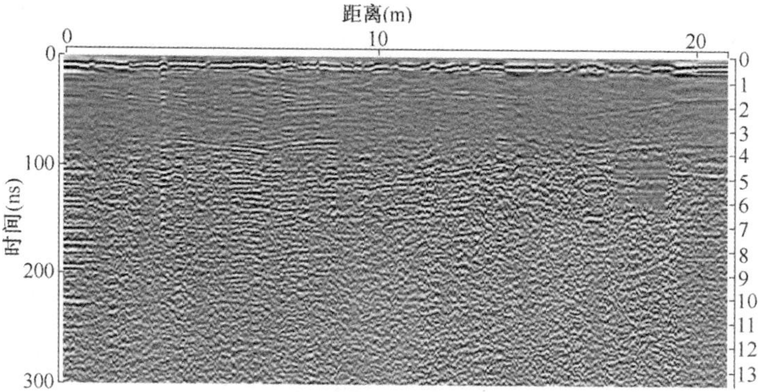

Z8测线地质雷达深度剖面

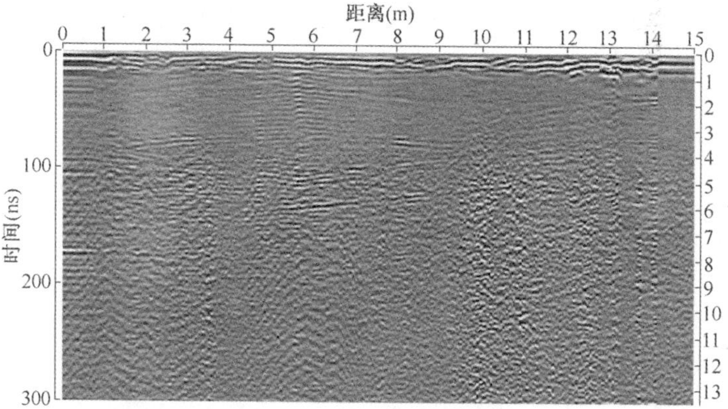

Z9测线地质雷达深度剖面

图 6.3－5　9 条测线的剖面图像

6.3.3　站点周边泉水喷涌

未来三路站点建成后，在站点南侧地面，预留的观测孔仍有泉水喷涌，水质清澈，泉水高程与高新大道路面一致，说明泉水受到很好的保护，如图 6.3－6 所示。在站点北侧的农田中，也有两处泉水喷涌，如图 6.3－7 所示。

图 6.3－6　站点建成后南侧路面高程泉水喷涌

基坑开挖和站点建成后周边泉水喷涌情况说明本次岩溶处理在基坑及站点堵水和防水以及地下水径流保护方面都获得了成功，达到了预期效果。

图 6.3－7　站点建成后北侧农田两处泉水喷涌

6.4　小　　结

针对武汉地铁 11 号线未来三路站及邻近区间高承压强富水岩溶处理难题，通过系统的试验研究及实际施工验证，得到如下站点建设岩溶处理技术要点，对以后解决类似工程难题有重要借鉴作用。

(1)首先对区域地质条件、地下水情况进行详细勘察，并开展长期地下水观测和试验，对区域内的地质水文有全面细致科学的认识，如岩溶发育特征、地下水承压及赋存特征、地下水补给特征等，为制定岩溶处理方案提供依据。

(2)对地铁岩溶危害坚持“以预防为主，以处理为辅”的原则，做好地下水的保护，处理方案充分考虑水源、水质、水环境保护，技术措施和材料的选择都遵循环保原则。

(3)岩溶处理主要采用钻孔灌注的方式，对于无充填大溶洞需考虑开大孔进行石块、黏土、砂浆或混凝土等充填，然后再进行充填加压灌浆；对于动水条件下岩溶处理，应使用快速凝固浆液进行灌注，包括水泥-水玻璃双液及其他快凝化学浆液，充填堵水后再实施进一步加压挤密灌浆。

(4)站点基坑开挖及建设采用“外截内排，分区实施”方式，根据岩溶发育特征，采取岩溶注浆形成截水帷幕，基坑底板满铺注浆形成止水层，在基坑内部布置排水孔，以防承压富水岩溶通道突入基坑内，避免基坑淹水。

(5)止水帷幕深度、底板满铺注浆深度等参数应根据岩溶和地下水特征，结合成熟的工程经验进行确定，在安全性、经济性和环保性要求下进行优选。

第7章　车站岩溶高承压强富水带施工监测分析

7.1　监测项目及方法

7.1.1　监测项目与点位统计

监测项目与点位统计表见表7.1。

表7.1　监测项目与点位统计表

序号	监测项目	单位	数量	备　　注
1	围护桩顶部水平位移	个	21	
2	围护桩顶部沉降	个	21	
3	围护结构变形(桩体测斜)	孔	23	
4	围护桩内钢筋应力	个	1	有效监测点1个
5	地下水位	孔	5	
6	地面沉降	点	85	
7	混凝土支撑轴力	组	15	
8	钢支撑轴力	个	24	
9	立柱沉降	个	2	
10	周边建(构)筑物位移	个	6	加油站4个、路灯2个

7.1.2　测点的埋设与监测方法

1. 桩体变形

(1)测点埋设

围护结构桩变形通过在预埋的测斜管中进行测试，测斜孔布设位置按设计要求进行，布设在基坑围护结构可能发生变形的典型位置。围护桩内测斜管的埋设流程:定位→将测斜管绑扎在钢筋笼的主筋上,并封死管底→校准测斜管方位→下钢筋笼→浇筑混凝土→测读初始值。

测点埋设过程中注意事项如下:

1)管底宜与钢筋笼底部持平或略低于钢筋笼底部,顶部达到地面(或导墙顶)。

2)测斜管与支护结构的钢筋笼绑扎埋设,绑扎间距不宜大于1.5 m。测斜管与钢筋笼的固定必须十分稳定,以防浇筑混凝土时测斜管与钢筋笼相脱落。同时必须注意测斜管的纵向扭转,很小的扭转角度就可能使测斜仪探头被导槽卡住。

3)测斜管绑扎时应调正方向,使管内的一对测槽垂直于测量面(即平行于位移方向)。

4)测斜管的上下管间应对接良好,无缝隙,接头处用自攻螺栓牢固固定,用封箱胶密封。

5)测斜管安装完成后应在管口安装不少于1 m的套管,防止在破除桩顶混凝土期间损坏。破除桩顶混凝土时,与施工方协同,施工中专人负责看护测斜管,且测斜管口附近混凝土采用小型机具进行局部凿除,以便保护测斜管。

6)封好底部和顶部,保持测斜管的干净、通畅和平直。

7)做好清晰的标示和可靠的保护措施。

(2)监测方法

侧向位移监测采用测斜仪在测斜管内进行,测斜管应测试前5 d装设完毕,在3～5 d内重复测量不少于3次,判明处于稳定状态后,进行测试工作。现场测试前需用模拟探头(预通器)检查测斜管导槽。

水平位移的初始值应是基坑开挖之前一周连续3次测量无明显差异读数的平均值,或取开挖前最后一次的测量值作为初始值。测斜管孔口需布设地表水平位移测点,以便必要时根据孔口水平位移量对深层水平位移量进行校正。

使测斜仪测读器处于工作状态，将测头导轮插入测斜管导槽内，缓慢地下放至管底，然后由管底自下而上沿导槽全长每隔0.5 m读一次数据，记录测点深度和读数。测读完毕后，将测头旋转180°插入同一对导槽内，以上述方法再测一次，测点深度同第一次相同。每一深度的正反两读数的绝对值宜相同，当读数有异常时应及时补测。

(3)数据处理

将测斜管划分为若干段，由测斜仪测量不同测段上测头轴线与铅垂线之间的倾角 θ，进而计算各测段位置的水平位移，如图7.1-1所示。

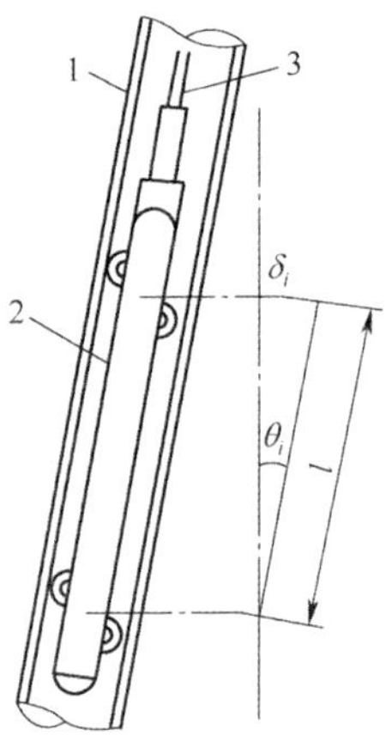

图7.1-1 测斜管测量示意图

1—导管；2—测头；3—电缆

由测斜仪测得第 i 测段的应变差 $\Delta\varepsilon_i$，换算得该段的测斜管倾角 θ_i，则该测段的水平位移 δ_i 为：

$$\sin\theta_i = f\Delta\varepsilon_i \tag{7.1-1}$$

$$\delta_i = l_i\sin\theta_i = l_i f\Delta\varepsilon_i \tag{7.1-2}$$

式中 δ_i——第 i 测段的水平位移(mm)；

l_i——第 i 测段的管长，通常取 0.5 m；

θ_i——第 i 测段的倾角值(°)；

f——测斜仪率定常数；

$\Delta\varepsilon_i$——测头在第 i 测段正、反两次测得的应变读数差之半 $\Delta\varepsilon_i=(\varepsilon_i^+-\varepsilon_i^-)/2$。

当测斜管管底存在一定量的位移时，可以管顶作为基准点，如图7.1-2所示。通过墙顶水平位移实测值 δ_0，并由管底向上计算第 n 测段处的总水平位移：

$$\Delta_i=\delta_0-\sum_{i=1}^{n}\delta_i=\delta_0-\sum_{i=1}^{n}l_i\sin\theta_i=\delta_0-f\sum_{i=1}^{n}l_i\cdot\Delta\varepsilon_i$$

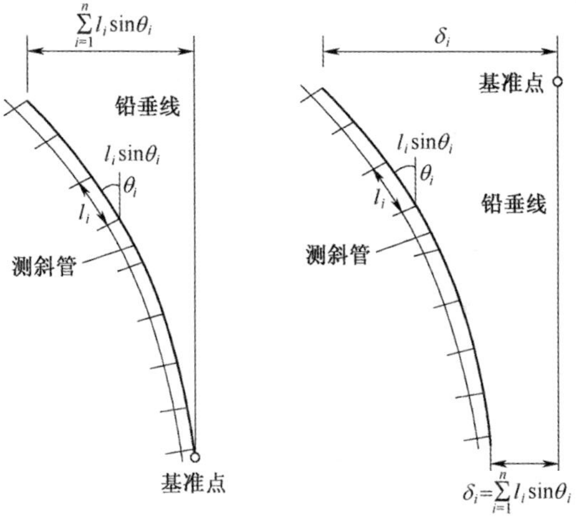

图7.1-2　测斜管基准点设置示意图

由于测斜管在埋设时不可能使得其轴线为铅垂线，测斜管埋设好后，总存在一定得倾斜或者挠曲，因此，各测段处的实际总水平位移 Δ'_i 应该是各次测得的水平位移与测斜管的初始水平位移之差，采用管口修正得到：

$$\Delta_i' = \Delta_i - \Delta_{0i} = \delta_0 - \sum_{i=1}^{n} l_i(\sin\theta_i - \sin\theta_{0i}) \quad (7.1-3)$$

式中 θ_{0i} ——第 i 测段的初始倾角值。

2. 桩顶水平位移与沉降

(1)测点布置

测点应尽量布设在基坑圈梁、围护桩的顶部等较为固定的地方，以设置方便，不易损坏，且能真实反映基坑围护结构桩顶部的侧向变形为原则。

围护桩顶部的水平和竖向位移监测点应沿基坑周边布置，周边中部、阳角处应布置监测点。监测点水平和竖向间距不宜大于20 m，每边监测点数目不少于3个，且水平和竖向位移监测点宜为共用点。

(2)测点埋设与保护

每隔20 m左右布设一点，小于要求布设间距的短边，必须保证有一个监测点。按照设计要求水平位移与沉降监测点使用同一点，并与相应的围护桩水平位移位置对应。

在埋设工作基点和观测点时，首先布设工作基点墩，在建立好工作基点墩后，将仪器架设在工作基点墩上，沿基坑边布设观测点墩，观测点位置选择在通视处，避开基坑边的安全栏杆，离基坑约300 mm。

在基坑支护结构的冠顶梁上布设监测点，监测点采用埋设观测墩的形式。埋设监测点观测墩的方法如下：首先在基坑边的支护桩冠顶梁上钻孔，在孔内埋设 $\phi 25$ 钢筋，并浇筑混凝土观测墩，墩顶部埋设强制对中螺栓和棱镜整平钢板。为减少测量误差，缩短设备的架设、对中时间，提高工作效率，采用如下方法：根据所采用的反射棱镜，定制了对中螺栓代替普通的棱镜对中螺栓，该螺栓的顶部加工成半球形，并刻十字丝，直接把棱镜套在该螺栓上，并可自由转动棱镜。安装该螺栓时必须保证垂直。

当现场通视条件不好时，可以在围檩浇筑混凝土前，在测斜孔旁植入钢筋或利用钻机在设计位置处钻孔后直接埋入钢筋，并在顶部刻上“＋”标记作为监测点，采用三脚架对中测试。

基准点及工作基点应按规范要求埋设于基坑影响范围之外，稳定可靠的地方，必要时须加盖保护，并设立明显标志；变形监测点的布设须避开基坑护栏、防水矮墙等存在观测障碍的地方，并设立明显标志。

(3)观测方法

根据基坑施工现场实际条件，水平位移监测采用极坐标法，基坑开挖前一周建立各监测点的初始坐标(不少于3次，取平均值作为初始坐标)，基坑开挖后每次测量值与初始值对比得到该点的位移量，并根据该点在基坑的方位角，确定位移量在垂直于地连墙方向的分量。

(4)数据处理

通过极坐标法测量获得的是位移点在地铁施工测量坐标系下的坐标值，水平位移量是指位移点沿垂直于基坑边线方向的偏移值，在实际工程中，基坑形状往往为非直角多边形，经常出现曲线形基坑。

如图7.1－3所示，xoy 为施工测量坐标系，$x'oy'$为与 xoy 共原

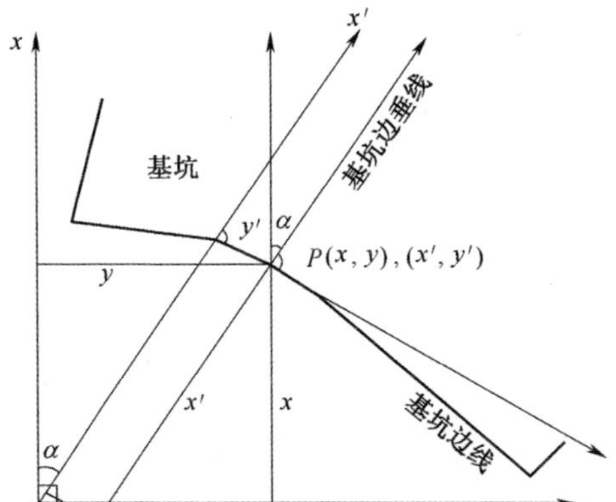

图7.1－3　水平位移量计算示意图

点的参考坐标系。$P(x,y)$和$P(x',y')$为位移点P分别在施工测量坐标系和参考坐标系中的坐标。α为位移点P沿基坑边垂线(且指向基坑内)在施工测量坐标系中的坐标方位角,参考坐标系x'轴系施工测量坐标系x轴旋转α角且与P点基坑边的垂线平行。由坐标系旋转变换原理可得:

$$\begin{bmatrix} x' \\ y' \end{bmatrix} = \begin{bmatrix} \cos\alpha & \sin\alpha \\ -\sin\alpha & \cos\alpha \end{bmatrix} \begin{bmatrix} x \\ y \end{bmatrix} \tag{7.1-4}$$

即以施工测量坐标系中按极坐标法施测的位移点坐标$P(x,y)$、位移点基坑边的垂线坐标方位角(可在基坑电子平面图上获得),可由方程(7.1-4)求得位移点在参考坐标系中的坐标值。设本次监测为第$(i+1)$次,前次监测为第i次($i\geqslant 1$),则位移量计算可表达为:

$$\begin{bmatrix} x'_{i+1} \\ y'_{i+1} \end{bmatrix} - \begin{bmatrix} x'_i \\ y'_i \end{bmatrix} = \begin{bmatrix} \cos\alpha & \sin\alpha \\ -\sin\alpha & \cos\alpha \end{bmatrix} \begin{bmatrix} x_{i+1} \\ y_{i+1} \end{bmatrix} - \begin{bmatrix} \cos\alpha & \sin\alpha \\ -\sin\alpha & \cos\alpha \end{bmatrix} \begin{bmatrix} x_i \\ y_i \end{bmatrix} \tag{7.1-5}$$

$$\begin{bmatrix} \Delta x'_{i+1} \\ \Delta y'_{i+1} \end{bmatrix} = \begin{bmatrix} \cos\alpha & \sin\alpha \\ -\sin\alpha & \cos\alpha \end{bmatrix} \begin{bmatrix} x_{i+1} - x_i \\ y_{i+1} - y_i \end{bmatrix} \tag{7.1-6}$$

通过全站仪测量角度、距离计算监测点在施工坐标系统下的坐标值,如图 7.1-4 所示。数据处理的模型为:

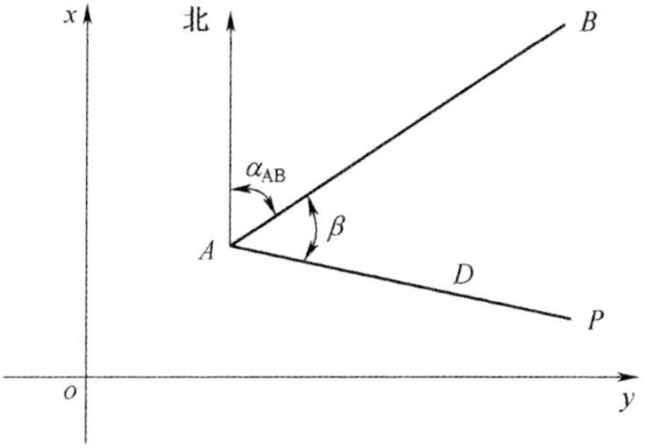

图 7.1-4　全站仪测量坐标值示意图

$$x_i = x_A + D\cos(\alpha_{AB} + \beta) \tag{7.1-7}$$

$$y_i = y_A + D\sin(\alpha_{AB} + \beta) \tag{7.1-8}$$

式中　D——所测的平距；

x_i, y_i——待测点的坐标；

x_A, y_A——工作基点坐标；

α_{AB}——起始边 AB 的坐标方位角；

β——所测方向与起始方向间的夹角。

结合以上各式解算得 $\Delta x'_{i+1}$ 即为 P 点在基坑边的垂线方向的位移量，该差值也符合位移往基坑内数值为正，往基坑外数值为负的理解习惯，此法需在初次监测时，解求每个位移点基坑边垂线（指向基坑内）的坐标方位角。

(5)竖向位移监测

竖向位移监测利用水平位移测点，用水准仪观测，计算方法同地表沉降监测。

3. 地表沉降

(1)测点埋设

在基坑施工时，为了解各个施工对围护外侧土体的扰动影响，沿垂直于基坑主体方向，布设地表沉降点。地表沉降观测点的埋设采用钻孔方法进行埋设，即所设测点穿透道路表面结构硬壳层，将其埋设在路基层中（通常深度不小于 60 cm），同时设置保护套管及盖板，如图 7.1－5 所示。水准测量用 SDL1X 精密数字电子水准仪及配套 2 m 因瓦条码尺，标称精度±0.3 mm/km。

(2)测量方法

地表沉降（或隆起）监测采用二等水准测量，监测最小精度要求达到 0.1 mm。

4. 围护桩钢筋应力

(1)围护桩应力计安装

每 20 m 一根围护桩迎土面及开挖面主筋上共安装 4 个钢筋应力计，围护桩长度的 1/2、1/3 处，迎土面及开挖面主筋上各安装一个

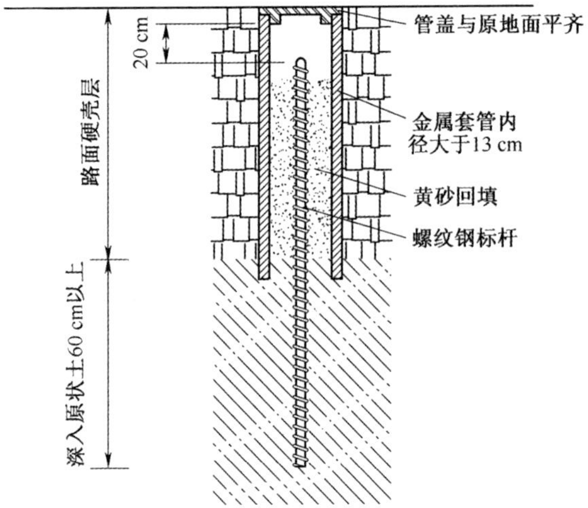

图 7.1-5　地表沉降观测点埋设示意图

钢筋应力计。

(2)监测方法

采用钢筋应力进行监测,应对所有的监测项目进行连续两次独立的观测,判定稳定后并取其平均值作为监测项目的初始值。基坑开挖期间每天一次,如遇监测数据变化速率较大时应增加观测频度,当有危险事故征兆时,则需进行加密跟踪监测。竣工后每月不少于一次,如遇暴雨等不良天气加密观测次数。

测读仪器采用 VW-1 型振弦测试仪,在同温度环境下进行测试。直接用 VW-1 型振弦测试仪测读钢筋测力计显示的频率读数,通过公式计算得到围护桩主筋所受应力值。

5. 建(构)筑物沉降

(1)测点布置与埋设

建(构)筑物测点埋设时应注意避开如雨水管、窗台线、电器开关等有碍设标与观测的障碍物,并视立尺需要离开墙(柱)面和地面一定距离,一般应高于室内地坪 0.2～0.5 m。

建(构)筑物沉降测点标志采用“L”形测点标志形式,测点埋设的方法：先在建（构）筑物上钻孔，然后将膨胀螺栓或螺纹钢（$\phi=20$ mm）预埋件放入，孔与测点四周空隙用水泥砂浆或锚固剂填实（测点固定部位做成螺纹）。埋设形式如图 7.1－6 所示。

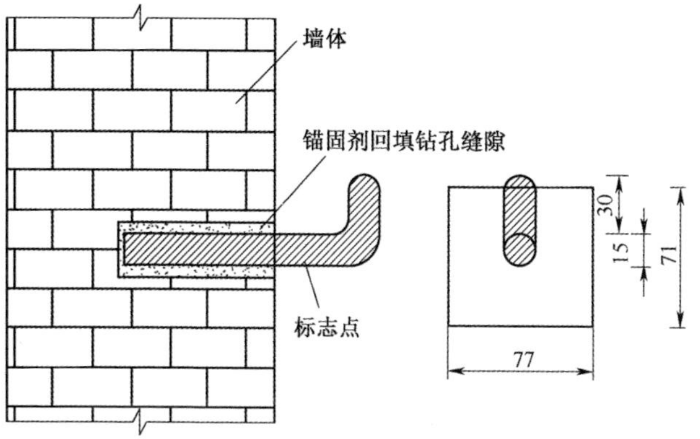

图 7.1－6　建（构）筑物沉降测点埋设形式（单位：mm）

（2）监测方法

建（构）筑物沉降监测使用徕卡 DNA03 精密数字电子水准仪。遵照《建筑变形测量规范》，采用二级水准附合或闭合线路观测，观测时以某一检核过的基准点为起点按照规范要求测设一条附合或闭合水准路线，分别对范围内的各监测点进行观测，闭合至另一基准点上。观测过程中，遵循规范中的要求：视距≤50 m；前后视距差≤2 m；任一测站上前后视距累积差≤3 m；水准仪检验角 $i\leqslant15''$；闭合环线闭合差允许限差≤$0.6\sqrt{n}$ mm（其中 n 为测站数）。对监测点进行观测时，采用单程观测，并做到“五固定”原则，即：基准点及工作基点固定、仪器设备固定、观测人员固定、观测路线及方法固定、观测时环境和条件基本固定。

（3）数据处理

观测完成后，将满足各项限差要求的原始数据输至计算机，然后通过专业数据处理软件对其严密平差推算出各工作基点的高程，再由工作基点经过严密平差后推算出各观测点的本次高程值。两次观测高程的差值即为本次沉降值，本次沉降值与历次沉降值和值即为累计沉降值，沉降值的单位采用 mm，计算结果精确到 0.01 mm。高程计算结果经过人工初步分析和数据筛选，同时将各被监测单元的观测时间、观测时的工程进度输入数据库，即可计算出各点的阶段沉降速率，沉降速率的单位采用 mm/d，计算结果精确到 0.01 mm/d。

观测数据计算完毕后，根据需要随时生成原始成果表格、阶段和最终成果表格、观测点下沉量一览表、代表性观测点时间下沉曲线等，以备数据分析使用。

在根据已有观测数据和图表分析观测点稳定性时，应首先进行变形量分析，若本次累计变形量小于最大限差时，可认为该观测点在此段时期内没有变动或变动不显著；相反，则视为有明显变动。其次，进行观测速率的分析，当阶段变形速率超出预警值时，则应根据各监测项目的风险等级、施工进度、施工措施、变形情况、支护围护结构稳定性、周边环境稳定性状态，进行综合判断，并及时报告有关各方及时采取有效防范措施。

6. 地下水位

(1)测点埋设

采用地质钻机钻直径 ϕ89 mm 钻孔，水位孔的深度在最低设计水位以下(坑外孔深同基底，坑内孔深达到基坑底以下 1～2 m)。成孔完成后，放入裹有滤网的水位管，管壁与孔壁之间用净砂回填至离地表 0.5 m 处，再用黏土进行封填，以防地表水流入。水位管用 ϕ55 mm 的 PVC 塑料管作滤管，管底加盖密封，防止泥砂进入管中，下部留出 0.5～1.0 m 深的沉淀管(不打孔)，用来沉积滤水段带入的少量泥砂，中部管壁周围钻 6～8 列 ϕ6 mm 左右的孔，纵向间距 5～10 cm，相邻两列的孔交错排列，呈梅花形布置。管壁外包扎上滤网或土工布作为过滤层，上部再留出 0.5～1.0 m 作为管口段(不打孔)，以保证封口质量。地下水位监测点埋设示意如图 7.1-7 所示。

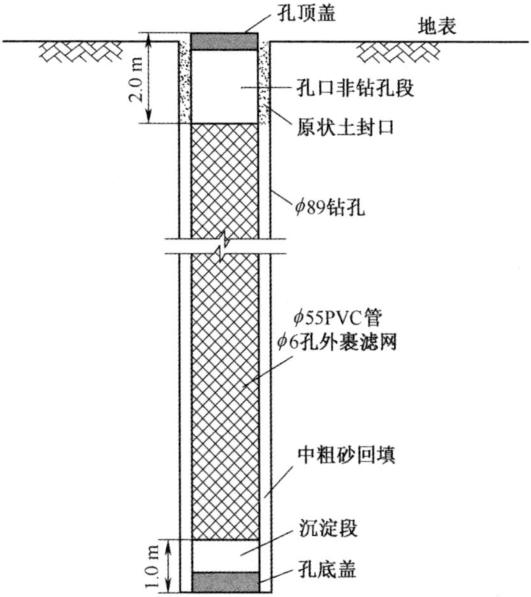

图 7.1-7　地下水位监测点埋设示意图

(2)监测方法

地下水位监测使用 SJ-92 型钢尺水位计，最小精度为 1 mm。通过水准测量测出孔口高程 H，将探头沿孔套管缓慢放下，当测头接触水面时，蜂鸣器响，读取测尺读数 a_i，则地下水位高程 $H_{W_i}=H-a_i$。则两次观测地下水位高程之差 $\Delta H_W=H_{W_i}-H_{W_{i-1}}$，即水位的升降数值。根据管口高程可得坑内外地下水位高程。

7. 支撑轴力

(1)钢筋计安装

混凝土支撑轴力监测采用钢弦式钢筋计并配合频率仪进行测试，在绑扎支撑钢筋的同时将支撑四边中间位置处的主筋切断并将钢筋应力计焊接在切断部位，在浇筑支撑混凝土的同时将应力计上的电线引出至合适位置以便今后测试时使用，钢筋计的安装如图

7.1-8 所示。

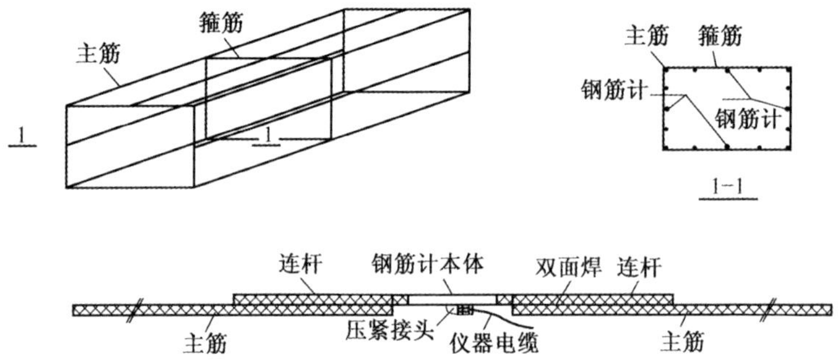

图 7.1-8　钢筋计安装示意图

钢支撑反力计安装前，要进行各项技术指标及标定系数的检验，安装示意如图 7.1-9 所示。钢管支撑采用反力计测试时，反力计设置在支撑端部的固定端，反力计外壳与固定端贴角围焊，并与钢牛腿贴角围焊，地连墙与轴力计之间必须设置不小于 400 mm×400 mm×20 mm 加强钢板。

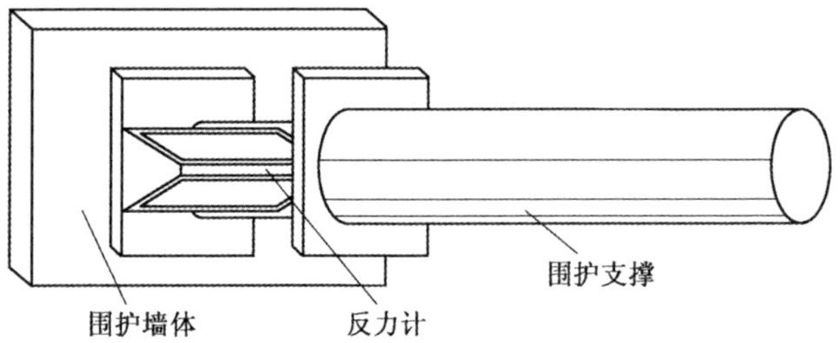

图 7.1-9　钢支撑反力计安装示意图

(2)轴力计算

测读仪器采用 VW-1 型振弦测试仪。直接用 VW-1 型振弦测试仪测读钢筋测力计显示的频率读数，通过公式换算得到支撑所受轴力值。根据材料力学基本原理轴向受力可表述为：

$$N=\sigma A=E\varepsilon A \tag{7.1-9}$$

对钢筋混凝土杆件，在钢筋与混凝土共同工作、变形协调条件下，轴向受力可表述为：

$$N=\varepsilon(E_c A_c+E_s A_s) \tag{7.1-10}$$

钢筋混凝土支撑内力计算方法：

$$\begin{aligned}N_c&=\sigma_s\left(\frac{E_c}{E_s}A_c+A_s\right)\\&=\bar{\sigma}_{js}\left(\frac{E_c}{E_s}A_c+A_s\right)\end{aligned} \tag{7.1-11}$$

$$\bar{\sigma}_{js}=\frac{1}{n}\sum_{j=1}^{n}[k_j(f_{ji}^2-f_{j0}^2)/A_{js}] \tag{7.1-12}$$

式中　N_c——支撑轴力(kN)；

σ_s——钢筋应力(kN/mm^2)；

$\bar{\sigma}_{js}$——钢筋计监测平均应力(kN/mm^2)；

k_j——第 j 个钢筋计标定系数(kN/Hz^2)；

f_{ji}——第 j 个钢筋计监测频率(Hz)；

f_{j0}——第 j 个钢筋计安装后的初始频率(Hz)；

A_{js}——第 j 个钢筋计截面积(mm^2)；

E_c——混凝土弹性模量(kN/mm^2)；

E_s——钢筋弹性模量(kN/mm^2)；

A_c——混凝土截面积(mm^2)，$A_c=A-A_s$，A 为支撑截面积(mm^2)；

A_s——钢筋总截面积(mm^2)。

钢支撑轴力计算方法：

$$N=k(f_i^2-f_0^2) \tag{7.1-13}$$

式中　k——轴力计标定系数(kN/Hz^2)；

f_i——轴力计监测频率(Hz)；

f_0——轴力计安装后的初始频率(Hz)。

7.2　监测要求

7.2.1　控 制 网

1. 控制测量网

平面控制网：用于各水平位移监测项目的平面控制基准。

平面控制点计划布设 3 个，编号为 P1～P3，控制区域为整个基坑监测区，为使测距、测角误差在横、纵坐标上均匀分布，网形为闭合导线网，引测外方向为施工用平面控制网。

水准控制网：用于各垂直位移监测项目（即沉降监测）的高程控制基准。

布设水准控制点 3 个，编号为 BM1～BM3。建立闭合环或附合路线。

平面控制点测量用 Leica TS30 智能型全站仪，其标称精度：测距 1 mm+$10^{-6}D$，测角 0.5″。水准测量用索佳 SDL1X 精密数字水准仪及配套 2 m 因瓦条码尺，标称精度±0.3 mm/km。

2. 控制测量精度要求

水准控制网按国家二等水准要求进行。各项技术指标见表 7.2－1。

表 7.2－1　精密水准测量的主要技术要求

观测点测站高差中误差(mm)	水准仪等级	水准尺	观测次数	往返较差、附合或环线闭合差(mm)
±0.5	DS05	因瓦尺	往返测各一次	$\pm 4\sqrt{L}$ 或 $1.0\sqrt{n}$

注：L 为往返测段、环线的路线长度（以 km 计），n 为测站数。

外业观测严格按《建筑变形测量规范》中“二级”水准测量的技术要求执行，其观测措施如下：

（1）作业前编制作业计划表，以确保外业观测有序开展。

（2）观测前对水准仪及配套因瓦尺进行全面检验。

（3）观测方法：往返观测，往测奇数站“后—前—前—后”，偶数站

“前—后—后—前”；返测奇数站“前—后—后—前”，偶数站“后—前—前—后”。往测转为返测时，两根标尺互换。

（4）测站视线长、视距差、视线高要求见表7.2－2。

表7.2－2　测站视线长、视距差、视线高要求

标尺类型	视线长度		前后视距差	前后视距累计差	视线高度
	仪器等级	视距			
因瓦尺	DS05	≤50 m	≤2.0 m	≤3.0 m	≥0.6 m

（5）测站观测限差见表7.2－3。

（6）两次观测高差超限时重测，当重测成果与原测成果分别比较其较差均没超限时，取三次成果的平均值。

（7）垂直位移基准网外业测设完成后，对外业记录进行检查，严格控制各水准环闭合差，各项参数合格后方可进行内业平差计算。内业计算采用NASEW3.0平差软件按间接平差法进行严密平差计算，高程成果取位至0.01 mm。

表7.2－3　测站观测限差要求

基辅分划读数差	基辅分划所测高差之差	往返较差及附合或环线闭合差	检测已测测段高差之差
0.5 mm	0.7 mm	$\leqslant 1.0\sqrt{n}$	$\leqslant 1.5\sqrt{n}$

注：使用数字水准仪观测时，同一测站两次测量高差较差应满足基、辅分划所测高差较差的要求。

（8）水平变形监测的等级确定为一级，其控制网主要技术要求见表7.2－4。

表7.2－4　水平变形监测网主要技术要求

等级	最弱边边长中误差(mm)	平均边长(m)	测角中误差(″)	最弱边相对中误差	主要作业方法
一级	±1.4	200	±1	≤1/200 000	边角测量、导线测量

在测量过程中固定观测人员和仪器，测量成果必须严密平差。

7.2.2 监测精度

各项监测项目的精度见表 7.2－5。

表 7.2－5 监测精度表

序号	监测项目	量测精度
1	桩顶水平位移	±0.3 mm
2	桩顶垂直位移	±0.3 mm
3	地表沉降	±1.0 mm
4	桩身水平位移(变形)	±0.2 mm/0.5 m
5	混凝土支撑轴力	±0.5/100(FS)
6	立柱沉降和隆起	±1 mm
7	地下水位	±5 mm
8	周边建筑物	±1 mm

7.2.3 监测频率

监测频率见表 7.2－6。

表 7.2－6 监测频率

施工状况		监测频率
基坑开挖期间	$H \leqslant 5$ m	1 次/3 d
	5 m$<H\leqslant$10 m	1 次/2 d
	10 m$<H\leqslant$15 m	1 次/d
	$H>$15 m	2 次/d
基坑底板完成以后	1～7 d	1 次/d
	7～15 d	1 次/2 d
	15～30 d	1 次/周
	经数据分析确认达到基本稳定后	1 次/月

注：H 为基坑开挖深度，特殊情况下应增大监测频率。

7.2.4 监测控制值

监测按表7.2－7中的量值进行控制。根据设计单位提出的监控量测控制值，将施工过程中监测点的预警状态按严重程度由小到大分为三级：

(1)黄色监测预警：双控指标(变化量、变化速率)均超过监控量测控制值的70%，或双控指标之一超过监控量测控制值的85%。

(2)橙色监测预警：双控指标(变化量、变化速率)均超过监控量测控制值的85%，或双控指标之一超过监控量测控制值。

(3)红色监测预警：双控指标(变化量、变化速率)均超过监控量测控制值，或实测变化速率出现急剧增长。

表7.2－7　监测控制标准汇总表

序号	监测项目	控制值			
		累计值(mm)		控制值	变化速率(mm/d)
		预警值	报警值		
1	桩顶水平位移	±21	±25.5	30 mm	±2
2	桩顶沉降	±17.5	±21.3	25 mm	±2
3	围护桩水平位移	±25	±32	40 mm	±3
4	支撑轴力	设计值60%	设计值70%	设计值80%	—
5	立柱的竖向位移	±11.2	±13.6	16 mm	±2
6	地表沉降	±21	±25.5	30 mm	±3
7	地下水位	—	1 000		±500
8	加油站、电线杆	±21	±25.5	30 mm	±2

7.3 监测结果分析

7.3.1 桩顶水平位移典型数据分析

车站东段桩顶水平位移监测项目共布设13个监测断面，第一期监测时间为 2015 年 12 月 26 日，最后一期监测时间为 2017 年 3 月 4 日。累计量变化最大监测点编号为 ZQS02，累计变化量 6.79 mm（变化方向“＋”为基坑开挖面，“－”为迎土面），如图 7.3－1 所示。桩顶水平位移监测期间各监测断面变化速率、累计变化量均在设计控制值之内，未出现监测预警。

车站西段桩顶水平位移监测项目共布设 8 个监测断面，第一期监测时间为 2016 年 10 月 19 日，最后一期监测时间为 2017 年 3 月 28 日。累计量变化最大监测点编号为 ZQS01，累计变化量＋18.00 mm，如图 7.3－2 所示。桩顶水平位移监测期间各监测断面变化速率、累计变化量均在设计控制值之内，未出现监测预警。

图 7.3－1 测点 ZQS02 桩顶水平位移时程曲线图

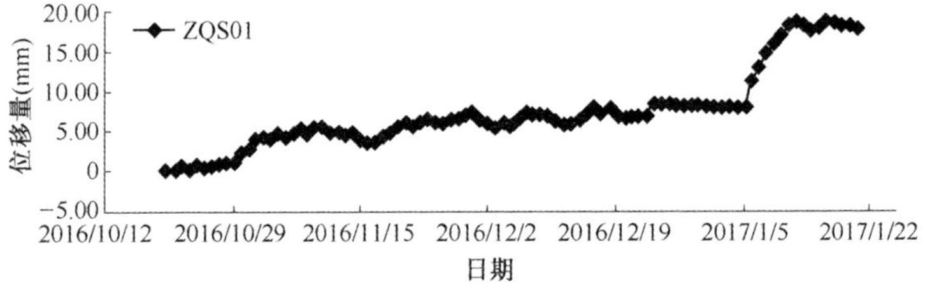

图 7.3－2 测点 ZQS01 桩顶水平位移时程曲线图

7.3.2 桩顶沉降典型数据分析

车站东段桩顶沉降监测项目共布设 13 个监测断面，累计量变化最大的监测点编号为 ZQC4，累计变化量 6.74 mm（变化方向“＋”为隆起,"—"为沉降),如图7.3-3所示。车站西段桩顶沉降监测项目共布设8个监测断面,累计量变化最大的监测点编号为ZQC16,累计变化量+11.12 mm,如图7.3-4所示。东段和西段桩顶沉降监测期间各监测断面变化速率、累计变化量均在设计控制值之内,未出现监测预警。

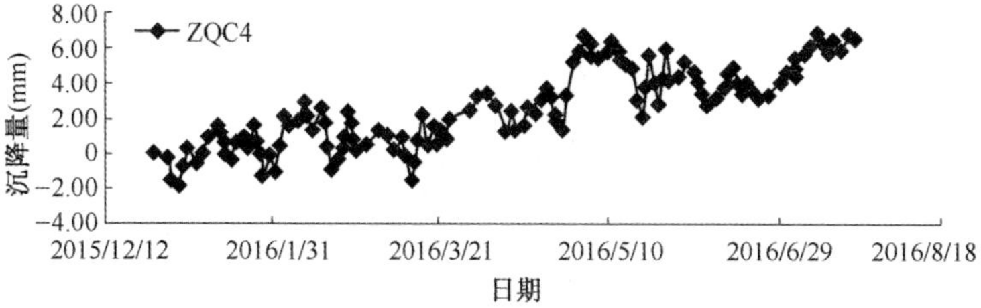

图7.3-3　测点ZQC4桩顶沉降时程曲线图

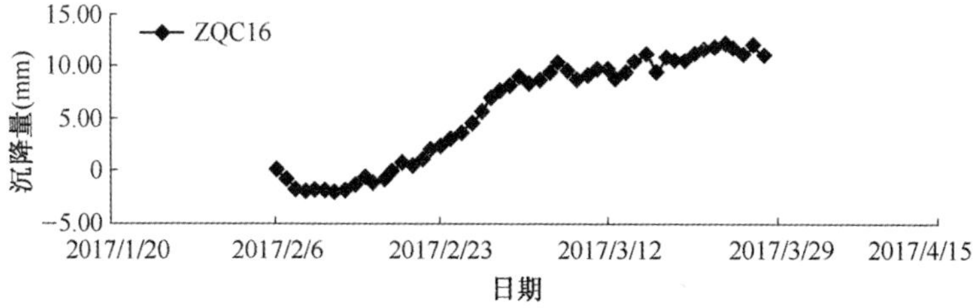

图7.3-4　测点ZQC16桩顶沉降时程曲线图

7.3.3　桩体变形典型数据分析

车站东段桩体变形监测共布设11个监测断面,第一期监测时间为2015年12月21日,最后一期监测时间为2017年3月4日。截止最后一期监测,累计量变化最大的监测点编号为ZQT13,累计变化量+33.36 mm,如图7.3-5所示。图中变化方向"+"为基坑内,"—"为迎土面。

车站西段桩体变形监测共布设12个监测断面,第一期监测时间为2016年10月19日,最后一期监测时间为2017年5月2日。累计量变化最大的监测点编号为ZQT10，累计变化量+32.60 mm，如图7.3-6所示。东段和西段监测期间各监测断面变化速率、累计变化量均在设计控制值之内，未出现监测预警。

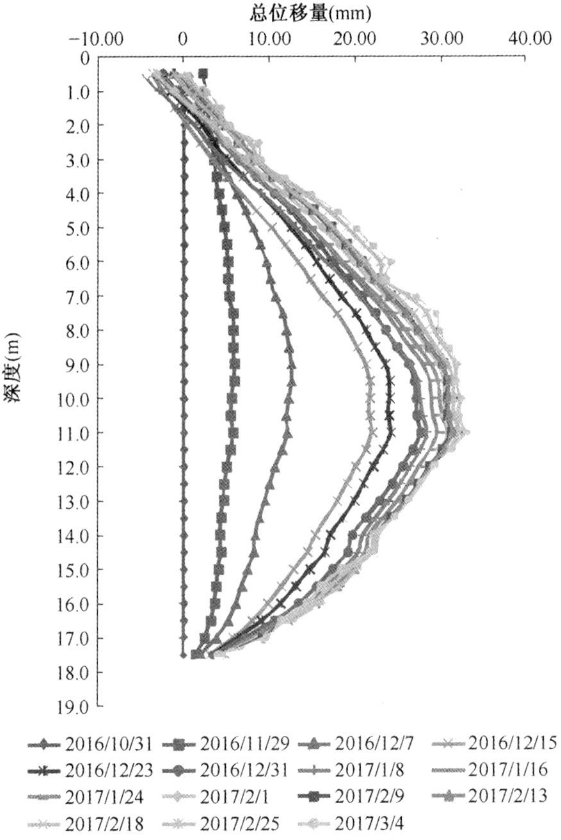

图7.3-5 测点ZQT13桩体变形时程曲线图

7.3.4 支撑轴力典型数据分析

车站东段支撑轴力监测共布设15个断面，其中混凝土支撑7个、钢支撑8个。第一期监测时间为2015年12月22日，最后一期

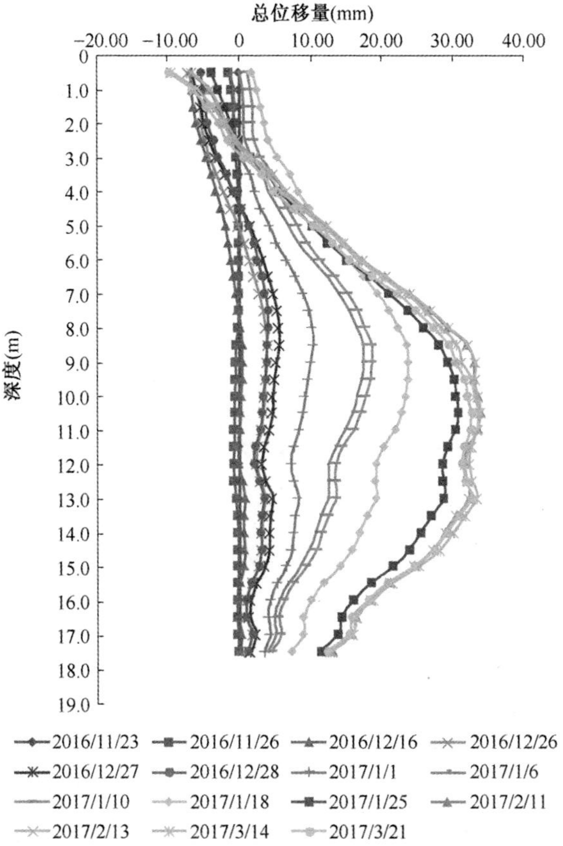

图 7.3－6　测点 ZQT10 桩体变形时程曲线图

监测时间为 2017 年 1 月 29 日。钢支撑轴力最大监测点编号为 ZCL02－01，轴力值＋398 kN（"＋"受压，"－"受拉），如图 7.3－7 所示。西段布设 24 个断面，混凝土支撑 8 个、钢支撑 16 个。第一期监测时间为 2016 年 10 月 20 日，最后一期监测时间为 2017 年 5 月 2 日。钢支撑轴力最大监测点编号为 ZCL03－05，轴力值＋514 kN，如图 7.3－8 所示。东西段轴力变化速率、钢轴力总量均在设计控制值之内，未出现监测预警。

图 7.3-7　测点 ZCL02-01 钢支撑轴力时程曲线图

图 7.3-8　测点 ZCL03-05 钢支撑轴力时程曲线图

7.3.5　立柱沉降典型数据分析

立柱沉降监测共布设 2 个断面，第一期监测时间为 2016 年 3 月 20 日，最后一期监测时间为 2016 年 6 月 29 日。累计量变化最大的监测点编号为 LZC02，累计变化量 +1.04 mm（变化方向“+”为隆起，“−”为沉降），如图 7.3-9 所示。立柱沉降变化速率、累计变化量均在设计控制值之内，未出现监测预警。

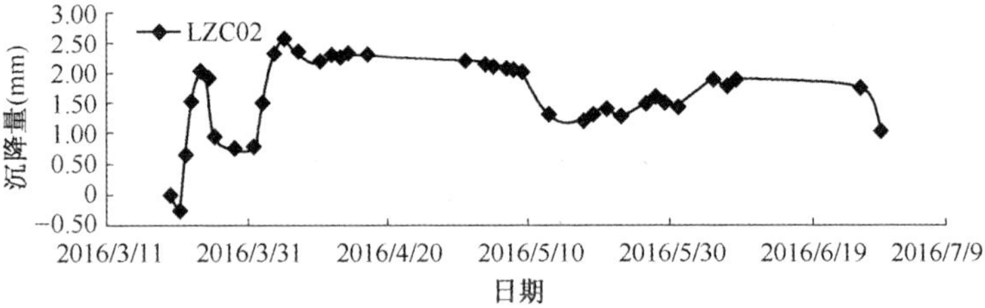

图 7.3-9　测点 LZC02 立柱沉降时程变化曲线

7.3.6　地表沉降典型数据分析

车站东段地表沉降监测共布设 49 个点，第一期监测时间为 2015 年 12 月 26 日，最后一期监测时间为 2017 年 3 月 4 日。累计量变化最大的监测点编号为 DBC01－04，累计变化量－23.81 mm（变化方向“＋”为隆起，“－”为沉降），如图 7.3－10 所示。西段地表沉降监测共布设 36 个点，第一期监测时间为 2016 年 10 月 19 日，最后一期监测时间为 2017 年 5 月 5 日。累计量变化最大的监测点编号为 DBC03－05，累计变化量－25.20 mm，如图 7.3－11 所示。东西段地表沉降监测期间各监测断面变化速率、累计变化量均在设计控制值之内，未出现监测预警。

图 7.3－10　测点 DBC01－04 地表沉降时程曲线

图 7.3－11　测点 DBC03－05 地表沉降时程曲线

7.3.7　地下水位典型数据分析

东段地下水位监测共布设 1 个断面，监测点编号为 DSW01。累计变化量+1.190 m(变化方向“+”为上升,“-”为下降),如图 7.3-12 所示。

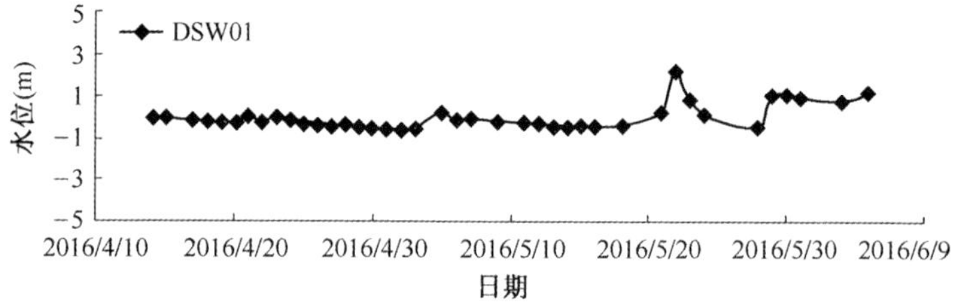

图 7.3-12 东段测点 DSW01 地下水位变化时程曲线

西段地下水位监测共布设 4 个断面,编号为 DSW01～04,第一期监测时间为 2016 年 10 月 22 日,最后一期监测时间为 2017 年 5 月 2 日。累计变化量最大点为 DSW01,累计变化+1.840 m,如图 7.3-13 所示。东西段地下水位监测期间各监测断面变化速率、累计变化量均在设计控制值之内,未出现监测预警。

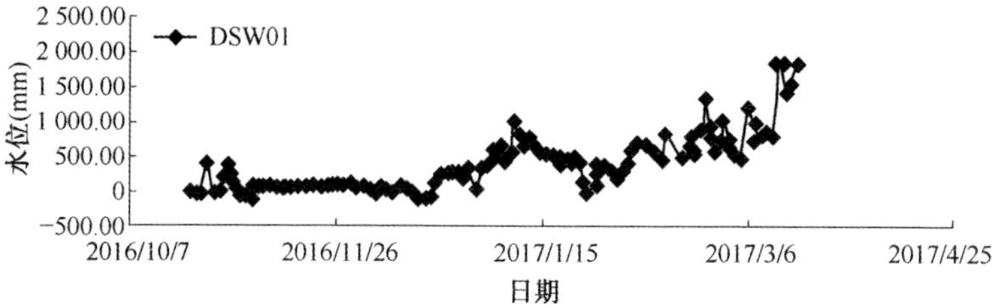

图 7.3-13 西段测点 DSW01 地下水位变化时程曲线

7.3.8 周边建筑监测典型数据分析

东段周边建(构)筑物位移监测共布设 6 个断面,其中 JGS01、JGS02 为基坑开挖影响范围内的路灯位移监测点,JGS04～JGS07 为基坑开挖影响范围内的加油站亭基础位移,第一期监测时间为 2015 年 12 月 31 日,最后一期监测时间为 2016 年 6 月 28 日。位移累计量变化最大监测点编号为 JGS06,累计变化量 $x=-5.3$ mm,

$y=+1.9$ mm(x:"+"垂直于基坑内方向、"−"垂直于基坑外方向，y:"+"平行于基坑东方向、"−"平行于基坑西方向)，如图 7.3-14 所示。

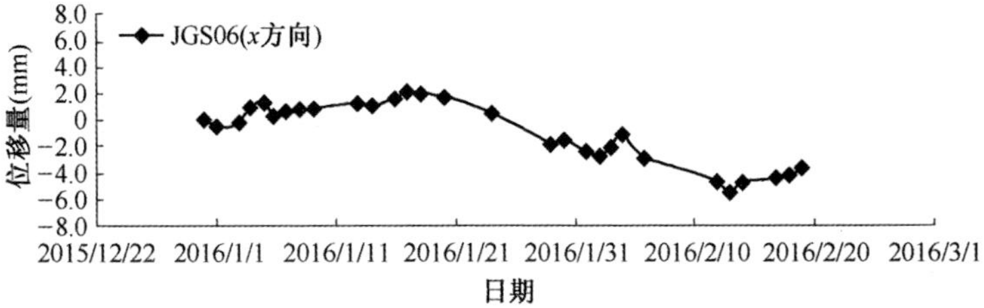

图 7.3-14　测点 JGS06 水平位移变化时程曲线

西段周边建(构)筑物沉降监测共布设 4 个断面，为基坑开挖影响范围内的加油站亭基础沉降，第一期监测时间为 2016 年 1 月 13 日，最后一期监测时间为 2016 年 6 月 28 日。沉降累计量变化最大的监测点编号为 DBC03，累计变化量−4.26 mm，如图 7.3-15 所示。东西段监测期间各监测断面变化速率、累计变化量均在设计控制值之内，未出现监测预警。

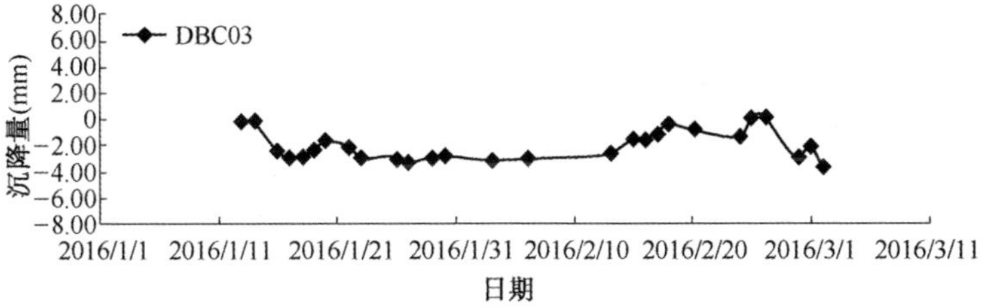

图 7.3-15　测点 DBC03 沉降变化时程曲线

7.3.9　围护结构应力典型数据分析

围护结构应力监测共布设 1 个断面，共 3 个监测点，第一期监测时间为 2016 年 4 月 21 日，最后一期监测时间为 2016 年 10 月 18 日，应力值最大监测点编号为 ZQL11-03，累计变化量−2.99$\mu\xi$ 和

6$\mu\xi$（"+"受压，"－"受拉），如图 7.3－16 所示。围护结构应力变化速率、变化量平缓稳定，未出现异常情况。

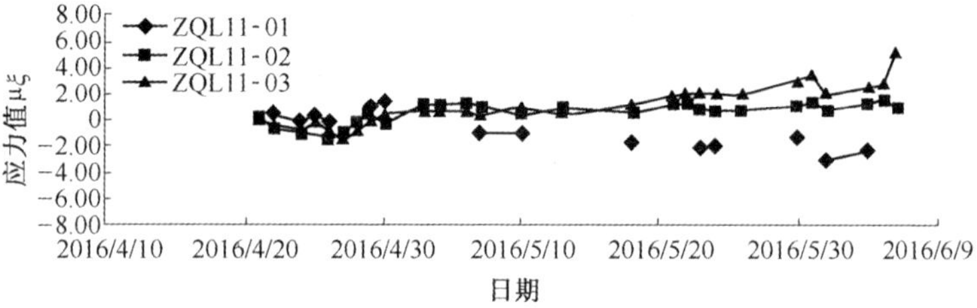

图 7.3－16　围护结构应力变化时程曲线

第8章　泉水和地下水保护与利用

8.1　活灵泉的历史和现状

8.1.1　活灵泉的历史

在未来三路站南侧有一处泉眼从地下涌出，名叫“活灵泉”，通过走访当地老年人及查阅历史资料，该泉眼已不停流淌一百多年了。在详勘钻孔的过程中，当钻至土岩结合面时有水流直接从地下涌出，且水压力较大。

根据清同治年间《武昌县志》“吴家桥”一节记载：距桥里许有泉，名“活灵泉”。此外，由湖北人民出版社出版，作家张少林、王燕编著的《洪山掌故》一书中对泉眼也有说明，叫“活灵泉”。

此“泉井”是一地下喷泉，其水色清亮，水质纯净，常年恒温18 ℃。1970年湖北地质局水文队曾到泉井勘探，认定此地有双层地下河，每道河深20 m，两河间隔50 m，经过化验证明：此泉属岩浆渗透泉水，含有硫磺和多种矿物质成分。

8.1.2　活灵泉的现状

未来三路站岩溶专项勘查发现，场区岩溶水的水位受降雨的影响较大。2015年4月5日清明节降小雨后，详勘钻孔WS08孔喷涌水量急剧增加，水头高度上升至与高新大道同高，水头高度由1.5 m上升至2 m。2016年2月10～13日武汉连续降小雨，岩溶专项勘察的大多数地质钻孔静止水位突发性升高约0.3 m，44号孔在钻孔时地下水喷出地面35 cm，雨后涌出水量明显变大，水头高度升高约0.3 m。44号孔周边原详勘钻孔用水量及水头高度也明显上升。故可知岩溶水水量受降雨变动较明显。

原泉眼位于高新大道道路下，在高新大道实施时将泉水用塑料管导流至道路南侧处地面，如图 8.1－1 所示，其与未来三路的站点布置相对位置，如图 8.1－2 所示。后被亿德山庄酒店用一根 ϕ150 mm 的铸铁管引入其位于 1 号风亭东侧的泵房中，将水抽至该酒店，作为酒店的生活用水。

图 8.1－1 站点施工之初泉水出地面位置

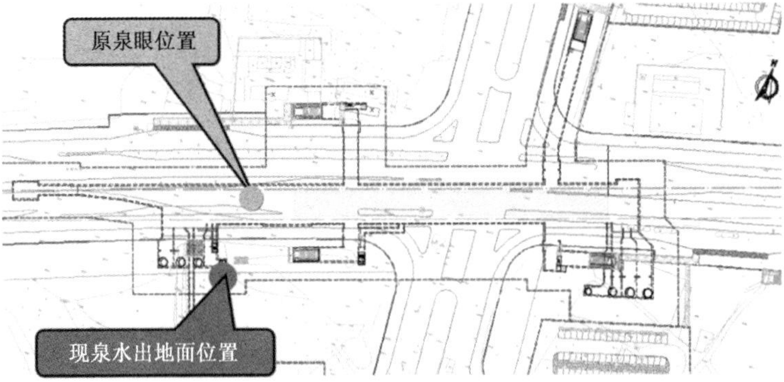

图 8.1－2 泉水与站点布置的相对位置

8.2　活灵泉的形成机制和补给特征

8.2.1　形成机制

未来三路站场区附近的水有地表水和地下水两种，地下水主要有上层滞水、孔隙承压水、基岩裂隙水和岩溶水四种类型。场区内岩溶水的含水层为石炭系灰岩的节理裂隙及其发育的溶隙、溶沟、溶槽和溶洞，岩溶水埋藏于第四系黏性土隔水层之下，主要分布于土岩结合面，大气降水不易直接渗入补给，其主要通过附近山顶（古姆山和长岭山）出露的岩石入渗后沿岩面侧向补给，且接受相邻的碎屑岩类裂隙水补给，是岩浆渗透泉水，此位置水量常年丰富，水头高水压大，冬暖夏凉。

地表水主要分布于拟建车站1、2号风亭处的现状水沟和鱼塘内及下穿过街通道场区南侧的水塘内，施工期间测得1号风亭处现状水沟的水面高程为22.91 m，水深约0.5 m，呈流动状态；2号风亭处现状鱼塘的水面高程为25.13～25.72 m，水深0.8～1.7 m；下穿过街通道南侧的水塘水面高程为22.63 m，水深约1.2 m。

上层滞水主要赋存于场区内的填土层中，主要受大气降水、地表水下渗及人类生产、生活用水排放影响，无统一自由水面。工程初勘和详勘阶段实测场区内上层滞水水位埋深在0.20～2.45 m之间，相当于绝对标高22.93～29.40 m。

孔隙承压水主要赋存于(10－4)层黏土夹碎石层和(10－5)层含黏性土碎砾石层中，因含水层上部有一定厚度的黏土层覆盖，难以接受垂直向大气降水的补给，而主要接受侧向地下水的补给，与周边的水库、湖泊有一定水力联系。详勘施工期间测得场区内承压水水位高程为20.23 m。

基岩裂隙水赋存于场区内的下伏基岩泥质砂岩中，在场区内C1号抽水孔内测得场区内的基岩裂隙水水位高程为14.73 m；抽水试验结果显示，场区内(15a)层泥质砂岩中的基岩裂隙水水量较小。未来三路站的底板局部位于(15a)层泥质砂岩中,在基坑开挖前需对场区内的基岩裂隙水水位进行实测,若基岩裂隙水对基坑施工有影响,则应采取降水措施,但(15a)层泥质砂岩为弱透水层,若降水效果不明显,则可采取隔水措施。

8.2.2 补给特征

根据前述站点场地水文地质详勘的相关结论,通过周边扩大范围钻孔勘察,抽水试验和水质分析,确定场地地下水和“活灵泉”的主要补给特征为:

(1)根据岩溶专项勘察及水文钻孔的情况,初步推测岩溶水通道主要来源于拟建场地西北方向的九龙水库,条带西北部裸露灰岩接受大气降水和地表水补给,沿岩层裂隙、溶隙渗入岩溶发育带,并接受九龙水库及沿途水塘、河流等渗漏补给。

(2)总体而言向斜核部灰岩(T_1d)岩溶水受泥质砂岩包围,地下水沿向斜轴部向东南排泄;翼部灰岩(P_1m+q)岩溶水受泥质砂岩与砂岩阻隔,顺岩层走向,向东南排泄。未来三路站的泉水来自 P_1m+q 岩溶水,受第四系黏土层覆盖,具承压性质。

(3)灰岩(C_2h+P_1)岩溶水受两侧砂岩地层阻隔,顺岩层走向,主要沿岩土分界面以下发育的岩溶裂隙及溶洞向东南排泄。地下水受灰岩顶板及第四系黏土层覆盖,具承压性质,在未来三路站大里程受溶蚀凹地沉积的 K-E 砂岩阻隔,水位略抬升,流速加快,一少部分沿地层分界构造上升至地面形成泉,大部分从砂岩底部的岩溶发育带向东南向排泄。

8.3 地下水及泉水保护与利用

8.3.1 地下水及泉水保护

未来三路站地处泉井村,据了解,解放前高新大道处遍布泉眼,泉水自地穴迸出,泉出无数,水碧如玉,尤其雨后,喷涌滚动,最大一眼名“泉井冲”,水质纯净,甘甜可口。同时活灵泉是当地村民财富的象征,一旦处理不好,将引起恶劣的群体事件。另外,未来三路站南侧的活灵泉直接给亿德生态园提供生活用水,如果施工不当导致活灵泉的泉水的流量、水质改变,给该生态园的正常运营带来不可估量的损失。

活灵泉养育了几代人,是一种文化,更是一种精神,不能因为地铁施工破坏了自然生态奇观,水对于老百姓来说代表一种财富,水只能引、不能堵,同时泉水地下通道对地铁站点建设和长期运行存在不利影响,在场站区域对泉水必须进行可靠的防堵,因此针对灵活泉的处置宜采取“引堵结合”的方法,既开发保护,又避免对地铁站点防水造成不利影响。

在站点设计建设过程中特别注意对地下水和泉水的保护,包括地下水径流通道的保护和地下水环境的保护。

(1)在站点岩溶治理和承压地下水作用下站点防水措施中优先考虑了对站点区域地下泉水的保护,主要为在站点截水帷幕和基坑底板防水注浆施工时将浅部强发育岩溶进行加固和防水处理,而保留深部岩溶弱发育区域的地下泉水渗流通道。具体措施为在保证基坑及车站建筑物安全稳定的基础上,控制周边围护桩和钻孔注浆截水帷幕岩溶处理的深度,围护桩超前钻孔注浆深度桩底以下 5 m,截水帷幕底高程控制在基坑底板以下 10 m,同时站点基坑底板满铺钻孔注浆深度为基坑底板以下 3 m,这样形成的基坑防渗体系既确保站点防水和安全,又不完全截断泉水通道。

(2)岩溶处理中所选用的环保型注浆材料,如水泥浆、水泥-水玻璃双液浆和磷酸-水玻璃化学浆,试验研究确定的配比和工艺确保浆材在注入后不易冲蚀,固化后无有害物质析出,确保不污染地下水,保护泉水水质。

(3)为保障泉水对周边居民生活供水的功能,在站点北侧设置减压井,该减压井不但减少站点周边及底板承水压力,还可利用起来进行居民供水。具体措施:通过详细的工程地质勘查,弄清楚泉水流向、补给、地下水汇集区域，在地下水汇集区施作一口直径 500 mm（初设直径 200 mm），深入泉水汇水区域内的水井（深度在 28 m 左右），再通过管道将水引排抽出引入亿德山庄新建泵房，为当地民众及亿德生态园提供稳定的水源。

(4)监测水位情况，同时在车站北侧将地下泉水用压力管道引出，纳入城市用水加以利用。

(5)在未来三路站围护结构外 3 m，北、西、南三侧每 30 m 设置一口直径 ϕ110 mm 的回灌井（图 8.3－1），回灌井深入基坑底板以下 5 m。通过车站周边设置的水位观测井严密监测地下水位，在地下水位异常下降时进行回灌井补水作业，防止地下水位下降引起局部地面沉降甚至塌陷，保障车站安全和保护地下泉水通道。

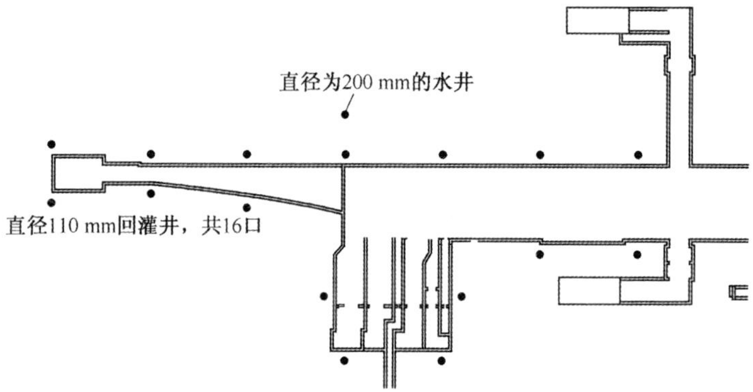

图 8.3－1　站点周边生活用水井及回灌井平面布置图

8.3.2　泉水景观设计

在未来三路站设计时考虑进行泉水景观设计，提出了站内泉水景观和站外泉水公园和矿泉水厂等利用方案。

其中站内泉水景观设计的主要内容为在站内设置泉水景观区和泉水文化艺术墙，布置如图 8.3－2 所示。泉水景观区可布置在站厅层不影响乘客通行的 1 号出入口通道与主体之间围合区。

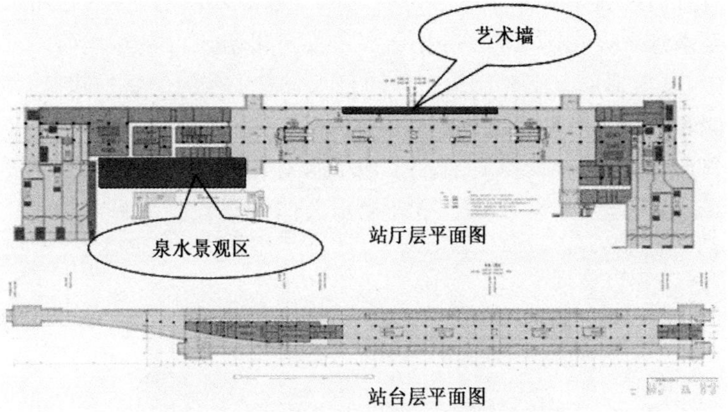

图 8.3－2　站内泉水景观设计

关于站外方案，根据未来三路站附近的用地规划，可在高新大道北侧的绿化用地区域内设计泉水公园(图 8.3－3)。此外，若车站西南象限土地具备开发条件时，可将其开发为矿泉水厂。

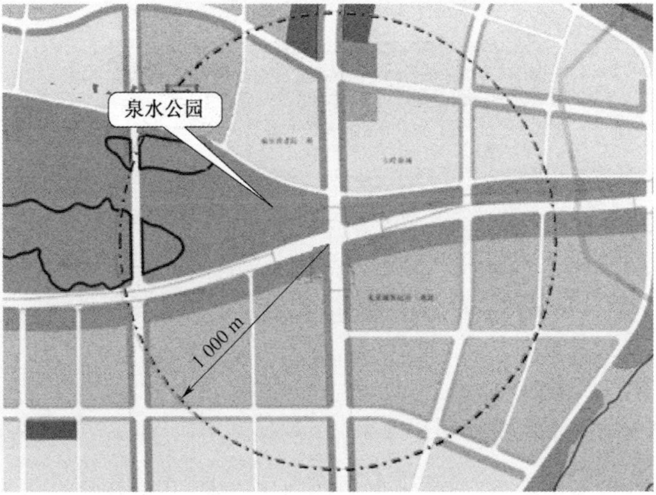

图 8.3－3　站外泉水公园可布置区域

目前地铁未来三路站已建成，且 11 号线东段已通车，在站内设置泉水景观存在困难，但布置泉水相关文化墙还可实施。而站外方案中，由于站点施工时对地下水和泉水采取了专门的保护措施，站点北侧和南侧都有泉水冒出地面，具备布置泉水景观的条件，但从环境及资源保护方面考虑，还有抽采地下水对站点及周边区域稳定的影响，不建议建设矿泉水厂。站外泉水公园景观设计如图 8.3－4、图 8.3－5 所示。

图 8.3－4　站外泉水公园景观设计图(一)

图 8.3－5　站外泉水公园景观设计图(二)

8.3.3　地下水及泉水利用效果

通过“引堵结合”的泉水保护和利用方案，基坑及站点堵水防水效果良好，基坑开挖及建设过程未发生大涌水，站点建成后，站点防水效果良好。基坑底板地质雷达测试证实，大于底板以下深度 3 m 范围，岩溶及富水特征明显，泉水通道未被完全隔断，站点建成后在其南侧、北侧都发现泉水喷涌点，泉水未遭受破坏。

通过站点北侧设置的减压井将水引排至亿德山庄新建泵房，为当地民众及亿德生态园提供稳定的水源，后期可根据抽排水水质情况，纳入居民生活用水或绿化用水，抽水量按水位监测情况进行调控，确保车站景观泉水的喷水水压，同时保证站点帷幕外水水压处于安全值。

目前，对泉水的各项保护和利用措施已取得良好效果，达到了预期目标，对站点泉水景观、泉水公园的设计和论证正在加紧实施中。

第9章　主要研究成果

9.1　主要研究结论、创新点及研究成果

9.1.1　主要研究结论

(1)提出地铁站点及区间岩溶勘察的主要方案,查明了岩溶发育特征和承压水特征。

1)提出采用地质钻孔、钻孔CT等方法,详细勘察了场区溶洞分布、溶洞规模、充填情况等特征,分析了岩溶对站点工程的危害,为制定场区岩溶处理方案提供依据。

2)通过地下水监测、抽水试验、水质分析等方法,查明了地下水承压特性、分布空间特点、补给特征和影响范围,为站点建设中地下水源保护、泉眼“活灵泉”的保护开发奠定了基础。

(2)提出了“外截内排,分区实施”的站点岩溶处理方案,实现了基坑防水和地下水通道保护的双重效果,节省了工程投资。

1)设计采用围护桩外围岩溶注浆帷幕、围护桩超前注浆防水、桩间咬合旋喷桩防水、基面满铺注浆水平止水的基坑综合防水结构,为类似工程深基坑防水结构提供借鉴。

2)根据岩溶发育和地下水渗流特征,确定帷幕岩溶注浆深度和基坑底板注浆深度,确保了基坑防水效果,同时保证了地下水渗流通道不完全截断,地面泉水依然喷涌。

3)设计截水帷幕外围布置泄水孔和基坑内布置排水孔,减小防水体系渗压的同时,为基坑可能的涌水处理提供保障。

4)用注浆帷幕替代了地连墙措施,达到了基坑防水的目的,减少了工程投资。

(3)通过材料及工艺试验研究,制定岩溶处理工艺标准,建立了

"地铁车站岩溶高承压强富水带处理技术",并经现场施工安全监测结果分析,验证了该技术的实用性,且取得了良好的效果。

1)开展注浆材料岩溶灌浆模拟试验,研究制定了不同工况注浆材料的选择和配比,开展现场施工试验,形成了高承压强富水带岩溶处理工艺标准,已用于指导工程实践。

2)建立了"地铁车站岩溶高承压强富水带处理技术",形成了"地下工程岩溶承压水处理施工工法",获得企业优秀工法奖励,可用于指导类似工程施工。

3)工程应用中研发多项专利技术,包括大流量堵水灌浆装置、灌注桩泥浆管自动提升装置等,提高了施工效率,节约了工程投入。

4)经现场进行的"围护桩顶水平位移与沉降及变形与应力、支撑轴力、立柱沉降、地表与周边建筑沉降"施工安全监测结果分析,地铁车站岩溶高承压强富水带处理技术的应用成功解决了未来三路站的施工技术难题,验证了该技术的实用性,确保了施工安全,取得了良好效果。

(4)实现对高承压、强富水带岩溶的有效处理,有效保障基坑有序施工和泉水供水功能,并开展了泉水景观设计。

1)通过岩溶注浆处理,形成了严密基坑防水体系,基坑开挖和施工全过程未出现大涌水现象,加快了施工进度,节约了施工成本,达到了设计要求。

2)岩溶处理未截断地下水,站点建成后,站点周边泉水依然喷涌,通过站点外侧泄水井排水供水,保持并加强了其供水功能。

3)根据站点布置特征和周边市政规划,进行站点泉水景观布置和泉水公园设计。

9.1.2　主要创新点

项目依托武汉市轨道交通 11 号线工程,开展未来三路站岩溶高承压强富水带的站点施工和泉水保护研究,形成了一整套地铁车站岩溶发育区"高承压强富水带"处理关键技术。取得了如下创新性研究成果：

(1)通过岩溶注浆材料试验、岩溶超前钻孔注浆试验和钻孔桩试桩试验，提出了不同溶洞条件下岩溶处理的注浆材料的组成、配比及注浆工艺，包括采用水泥单液浆材、水泥-水玻璃双液浆材以及磷酸-水玻璃双组份化学浆材，三种浆液适用于不同充填和涌水动水岩溶，试验明确了具体的浆液配制和使用要求。

(2)采用不同的勘察方法查明了岩溶发育特征和承压水特征，基于该特征分析，制定了“外截内排，分区实施”的岩溶高承压强富水带处理原则，实施了注浆截水帷幕、外围减压、分区施工等综合处理措施，发明钻孔灌注桩泥浆管高压空气自动提升装置和大流量高承压水灌浆处理装置等新技术，建立了“地铁车站岩溶高承压强富水带处理技术”，形成了“地下工程岩溶承压水处理施工工法”，并经现场施工应用及安全监测结果分析，验证了该技术的实用性，确保了施工安全，取得了良好效果。

(3)加强了施工勘察，查明了岩溶水补给、径流条件，揭示了站点承压泉水的形成机理，制定了“引堵结合”的泉水保护方案。岩溶处理未截断地下水，站点建成后，站点周边泉水依然喷涌，并对泉水的利用进行了初步探索，进行了泉水景观设计。

9.1.3　主要研究成果

研究成果：获批中国电建集团工法 1 项；申请国家实用新型专利 4 项(3 项授权，1 项受理)；发表学术论文 5 篇。

1. 获批优秀工法 1 项

工法“地下工程岩溶地区高承压水处理施工工法”(编号：DJTLGF－2017－05)，获 2017 年中国电建铁路建设有限公司优秀工法一等奖。

2. 授权实用新型专利 3 项

(1)实用新型专利“一种钻孔灌注桩泥浆管提升装置”(授权号：ZL 201820595194.8)。

(2)实用新型专利“一种钢模板上控制保护层定位用装置”(授权号:ZL 201721060974.4)。

(3)实用新型专利“一种高承压水地区混凝土结构背后开孔注浆装置”(授权号:ZL 201721060395.X)。

9.2　经济效益与推广应用分析

9.2.1　经济效益

本项目研究为高承压强富水岩溶地区站点及盾构区间建设提供了全新的设计理念,通过截水帷幕、基坑满铺注浆止水等技术措施,确保了基坑无水施工,减少了基坑抽排措施,缩短了站点建设工期,同时提高了高承压强富水岩溶注浆处理的技术水平。

采用钻孔灌注桩及岩溶注浆作为截水帷幕,替代成本较高的地连墙,未来三路站长度 226 m,在止水帷幕方面节约成本约 1 000 万元左右,在水源补给方向取消截水墙,节约成本约 200 万元,减少基坑周边降水井设置,节约成本约 100 万元。同时,根据此工法施工,承压水阻隔彻底,在后续基坑开挖及主体结构施工过程中,未发生渗漏水等现象,节约了堵漏成本,加快了施工进度,节约了人、材、机的投入并避免设备闲置。保留了具有悠久历史的“活灵泉”的供水功能,并赋予其新的景观功能。

9.2.2　推广应用

(1)高承压强富水岩溶条件下地铁站点和区间建设存在很大的技术难度,目前随着我国城市轨道交通建设的发展,以及高速铁路、高速公路等向西部等地区的延伸,将频繁遇到此类地质条件,本项目研究所提供的站点建设和防水设计理念可以为相关工程提供很好的借鉴。

(2)项目研究所试验验证的高承压强富水岩溶处理注浆材料和注浆工艺,进一步提升了岩溶处理的技术水平,为挑战更高难度的工程建设难题提供了技术储备。

(3)研究中所采用的岩溶勘察和新型物探技术为岩溶高效勘探和处理效果评价提供了重要的技术支撑,相关应用经验可为其他工程提供借鉴。

参考文献

[1]罗俊成，史海欧.多种地质构造交汇带的岩溶发育区的地铁隧道设计[J].广东土木与建筑，2002(2)：20－22.

[2]黄焰，伍永胜.岩溶地区城市地下浅埋隧道工程技术研究[J].土木工程学报，2005(8)：107－113.

[3]傅志峰，张磊，唐检军，等.地铁隧道底部探测技术及应用[J].现代隧道技术，2010，47(4)：35－40.

[4]杨红艳.纪越区间隧道不良地质段施工技术总结[J].山西建筑，2007(17)：316－317.

[5]王焰华，王小宝.大连地铁岩溶地段暗挖区间隧道处理[J].知识经济，2012(24)：103.

[6]刘瑞琪.城市岩溶区地铁隧道的溶洞超前探测及处治技术[J].石家庄铁道大学学报：自然科学版，2012，25(2)：42－46.

[7]杨晓君，程波，禹富偲.复杂岩溶隧道涌水突泥处理技术[J].市政技术，2012，30(S1)：128－129＋140.

[8]陈建.地铁隧道穿越溶洞的施工处理技术[J].城市轨道交通研究，2005(3)：52－55.

[9]桂林.广州地铁五号线岩溶地区盾构隧道工程技术研究[J].桂林工学院学报，2008(3)：324－329.

[10]谢鸿辉.岩溶、土洞复合地层地铁隧道盾构施工技术分析[J].技术与市场，2011，18(2)：41－43.

[11]朱小藻.岩溶地区盾构隧道溶土洞充填注浆施工技术[J].铁道建筑技术，2013(12)：49－52.

[12]孙秋元.地铁隧道盾构穿越岩溶施工技术分析[J].江西建材，2013(4)：218－219.

[13]魏敏志.不同工法在岩溶区地铁隧道施工的适宜性[J].西部探矿工程，2007(11)：163－164.

[14]施政.某地铁区间隧道岩溶处理技术探索[J].地下工程与隧道，2010(2)：

26－29.
[15]武卫星，欧阳院平.武汉轨道交通 2 号线岩溶地段隧道工法研究[J].人民长江，2011，42(20)：79－81.
[16]杨秀竹，雷金山，阳军生，等.岩溶区地铁隧道相似模拟试验研究[J].铁道科学与工程学报，2009，6(4)：40－45.
[17]王祥秋，周志国.岩溶地层地铁区间隧道围岩临界承载力研究[J].城市轨道交通研究，2010，13(11)：13－16.
[18]赵宏国.顶部溶洞对新修地铁隧道的稳定性分析及施工处理技术研究[J].施工技术，2012，41(15)：88－91.
[19]邵勇，阎长虹，许宝田，等.小型溶洞对隧道稳定性的影响分析[J].地质论评，2012，58(3)：519－525.
[20]黄珂.地铁区间盾构法隧道穿越岩溶填充区施工力学行为计算分析[J].交通科技，2012(2)：67－70.
[21]杨秀竹，宁业辉，雷金山，等.地铁隧道单个圆形溶洞地基渐进性破坏模型试验研究[J].铁道科学与工程学报，2013，10(6)：49－53.
[22]杨昊坤，郑章清，郑军.南京东郊地区地铁隧道的岩溶工程地质问题研究[J].现代隧道技术，2013，50(5)：12－17.
[23]苏锋，郑文博.岩溶对地铁隧道围岩稳定性影响的数值模拟[J].人民长江，2013，44(3)：25－29.
[24]贾媛媛.侧部岩溶尺度及净距对盾构隧道围岩变形影响分析[J].西华大学学报：自然科学版，2014，33(1)：88－93.
[25]仇培云.地铁车站溶(土)洞预处理技术[J].广东科技，2011，20(10)：98－99.
[26]丁宁华.岩溶地区某地铁车站基坑溶(土)洞处理与分析[J].广东土木与建筑，2011，18(1)：36－37＋29.
[27]杨天鸿.岩溶地质地铁车站防水施工渗水控制技术[J].施工技术，2013，42(21)：81－84.